**양평책방 책방할머니는
오늘도 행복합니다**

양평책방 책방할머니는
오늘도 행복합니다

책방 할머니가 되기까지,
100일의 기록

남미숙 에세이

| 일러두기 |

이 책의 '양평책방 책방할머니'는 책방 이름입니다. 본문에서는 책방 이름을 가리킬 때 양평책방과 책방할머니를 붙여 썼고, 그 외에는 양평 책방, 책방 할머니로 표기했습니다.

양평책방 책방할머니

#여자혼자여행
#혼자만의공간
#어른을위한그림책
#예약제책방

혼자 여행을 떠나고 싶었어요.
혼자만의 안전한 공간에 머물고 싶었어요.
편하게 누워서 좋아하는 그림책을 읽고 싶었어요.
내가 가고 싶던 그런 곳을 만들었어요.
예약제로 한 사람만을 위한 공간을.

그 공간을 당신께 드립니다.

• 프롤로그 1 •

어쩌다, 그림책방을 개업했어요

2022년 8월 31일까지 초등학교에 근무했어요. 정년퇴직 다음 날인 2022년 9월 1일, 전원주택에 예약제 그림책방, '양평책방 책방할머니'를 오픈했습니다.

이 책은 책방 준비 100일간의 기록입니다.

#정년퇴직 #전원주택 #동네서점

"정년퇴직하면, 시골에 가서 전원주택에 살고 싶어요."

"정년퇴직하면, 작은 책방 운영하고 싶어요."

정년퇴직을 앞둔 사람들의 로망은 전원주택, 동네 서점입니다. 전원주택은 외진 곳이라 서점 운영이 어렵고, 서점 운영하려니 전원주택에서 노년을 보내고 싶은 꿈을 접어야 하고. 그런 갈등을 전원주택에 작은 책방 차리면서 말끔히 해결했습니다.

#**책방 할머니?**

사람들은 '할머니'라는 말을 가능하면 듣지 않으려고 하는데, 굳이 할머니로 불러달라는 이유가 뭔지 궁금해합니다. '양평책방 책방할머니'라는 책방 이름은 원래 '그레구아르와 책방 할머니'였어요. 소설 『그레구아르와 책방 할아버지』를 읽고 '책방'이 마음에 터 잡았거든요. 소설 속 책방 할아버지가 되고 싶었어요. 그런데 내가 '할아버지'가 아니네? 할머니 하면 되지. '책방할머니'가 되었습니다. '그레구아르와 책방 할머니'라고 책방 이름을 말했더니 "그래?", "구리다고?" 등등 그레구아르를 모르는 사람들이 많았어요. 나만 알고 있는 이름이라면 의미가 없죠. 아깝지만 '그레구아르'도 포기했어요. (참, 그런데 아주 포기한 건 아니에요. 책방 고양이가 둘 있어요. 그 아이들 이름이 그레와 구아르입니다)

#**여자 혼자?**

여자 혼자 올 수 있는 곳이에요. 마음이 힘들 때 혼자 있을 수 있는 공간으로 혼자 여행을 떠나고 싶다는 생각을 많이 했어요. 하지만 여자 혼자 여행을 떠날 수 있는 곳은 그리 많지 않아요. 아이들이 있으니 오래 떠날 수도 없고요. 여자 나이 서른에서 마흔 즈음. 직장에서, 가정에서, 친구 관계에서 속상한 일이 우후죽순 막 튀어나와요. 그렇다고 속상한 일을 엄마에게 말하면 나보다 더 속상해하시잖아요. 힘든 일이 있어도 혼자만 속으로 꽁꽁 싸매고 힘들었죠. 힘들 때, 지칠 때, 쉬고 싶을 때. 여자 혼자 훌쩍 떠나서 편안하고 안전하게 머물 수 있는 공간이 있었으면 하는 마음이 간절했어요. 그런 공간이 없어서, 내가 만들었습니다. 양평에.

#예약제?

혼자 머물 수 있는 곳이라서 당연히 예약해야 하고요. 예약한 그 시간은 한 사람만을 위해서 책방이 열립니다. 혼자서 책도 보고, 잠도 자고, 정원에 잡초도 뽑고, 그냥 산멍을 하기도 해요. 멀리 기차 지나가는 소리에 더 먼 여행을 상상하기도 합니다.

#그림책?

쉬러 왔는데 복잡하거나 두꺼운 책은 좀 그래요. 어른을 위한 그림책이 준비되어 있어요. 그림책은 보는 사람의 마음에 따라 다른 모습으로 다가와요. 좀 어려운 말로, '개인적 연결의 다리'라고 하더라고요. 같은 그림을 보아도 어떤 경험이 있느냐에 따라서 울기도 하고 웃기도 하고 화내기도 하고 편안해지기도 하고….

어쩌다, 그림책방을 열고
그래도, 그림책방이 재밌어서
역시, 그림책방으로 행복을 찾아가는
양평책방 책방할머니의 첫 번째 100일 이야기
함께 나누고 싶어요.

2023. 8. 31

양평책방 책방할머니 1년입니다.

• 프 롤 로 그 2 •

그래도, 그림책방이 재밌습니다

'양평책방 책방할머니'를 시작하고 1년은 허둥지둥 보냈어요. '어쩌다 그림책방'을 시작했거든요.

2년째는 좀 여유가 생겼습니다. 책방 이용 예약을 전화로 받다가 네이버 플레이스에 등록해서 인터넷으로 예약을 받는 시스템을 만들었고요. 책방에 오신 손님들이 책방 실내보다는 실외, 정원을 더 좋아하시네? 그래서 버려졌던 개울 쪽 정원에 데크를 만들어서 산명을 할 수 있는 장소도 만들었습니다.

'어쩌다 책방'이 차근차근 자리를 잡아가면서 '그래도 책방'이 되어갔죠.

'정년퇴직하고 바로 다음 날 시작한 것이 잘한 일인가? 무모한 일인가?' 생각이 오락가락하기도 했어요.

특히 정년퇴직하고 홍천에 자리를 잡고 환경 농부로 새 삶을 시작하는 선배의 말을 들었을 땐 '내가 너무 서둘렀나?' 싶었죠.

"30년을 공부해서 30년을 일해왔어요. 퇴직 후 30년을 살아야 해요. 30년을 일하기 위해 30년을 공부했으니, 퇴직 후 30년을 살기 위해서도 당연히 공부하는 준비 기간이 있어야죠. 퇴직하고 사람들이 여행을 다니기 시작하죠? 여행에 한 맺힌 것처럼. 여행은 그냥 시간 보내기가 아니에요. 퇴직 후 삶에 대해 고민하는 시간이에요. 퇴직하자마자 그런 고민 없이 당장 무엇인가를 시작해야 한다고 조바심 내지 말고 퇴직 후에 어떻게 살 것인가 천천히, 준비해요. 그 준비 기간을 나는 퇴직 후 5년으로 정했어요. 3년 동안 귀농에 관한 공부를 하고 이제는 어느 정도 방향을 잡았어요."

정말 선배는 퇴직자로서의 한가로운 삶에 조급함이 없었어요. 그렇게 3년을 준비한 후, 새로운 일을 시작했고요.

나는? 퇴직 다음 날 시작하지 않고, 준비하는 시간을 가졌다면 '양평책방 책방할머니'를 더 효과적으로 개업할 수 있었을까? 아하! 사람 나름이에요. 그 선배님은 무슨 일이든지 철저히 준비해서 차근차근 단계를 밟아나가는 분이에요. 그러니까 퇴직 다음 날부터 이미 무엇인가(준비)를 '시작' 하신 거지요. 그런데 나는 달라요. 나는 '시작하면서 시작해요.' 말이 좀 이상하지만, 그래요. 우왕좌왕하면서도 엉성한 채로 일단 시작해야 해요. 그리고 그렇게 빈틈 많게 시작하기를 정말 잘했다는 생각을 자주 해요. '좀 더 좀 더' 미루었으면 아직도 망설이고 있을 거예요. 완벽은 없더라고요. 지금도 책방은 진화 중이거든요.

책방을 시작했기 때문에 맛보는 행복이 있습니다.

가끔, 후배들이 "가도 돼요?" 물어요. "응, 당연히."

두세 명씩 또는 화가 단단히 나서 혼자, 그렇게 책방을 찾아오는 지인들이 많아요.

"퇴직하고, 쉬고 싶지 않으세요?"

이런 질문, 익숙해요.

"내가 퇴직하고 쉬고 있으면 우리 집에 이렇게 불쑥 찾아올 수 있어요? 내가 책방을 하니까 부담 없이 가도 되냐고 전화했지?"

그래요. 책방은 열린 공간이니까 언제든지 누구든지 와

도 되냐고 물어볼 수 있어요. 내가 책방을 하지 않는다면 남의 집 방문이 그리 쉽지는 않을 테니까요. 책방 덕분에 나는 자주, 사람들을 만나요.

퇴직 후 갑자기 많아진 시간과 관계의 단절로 우울해진 선배들을 보았어요. 후배를 찾아가는 것도 눈치 보인다고. 그런데 나는 이렇게 후배들이 제 발로 찾아오잖아요?

"내가 지금 일하고 있는 것처럼 보여? 나 즐기고 있는 중이야."

또 한번은, (이건 정말 기적 같은 일인데) 지금 내 눈앞에, 여고 시절 흠모했던 선생님이 나타난다면 어떤 기분일까요? 상상만으로도 행복하겠지요? '양평책방 책방할머니'에서는 가끔 이런 기적이 일어납니다.

고등학교 다닐 때 짝사랑했던 선생님이 어느 날, 책방에 나타나신 거예요. 책방이 이런저런 방송을 타면서 선생님이 저를 기억해 내신 거고요. 그냥 그런 제자가 있었지, 지나칠 수 있었지만, 책방이라는 열린 공간이니까 부담 없이, 쓱, 찾아오신 거지요.

책방 운영 2년, 힘들다 힘들다 해도, 그림책방 하기를 정말 잘했습니다.

소소한 재미가 톡톡 튀어나와서 지루할 틈이 없어요.

2024.8.31

양평책방 책방할머니 2년입니다.

• 프 롤 로 그 3 •

역시, 그림책방으로 행복합니다

'양평책방 책방할머니'를 시작하고, 3년이 지났어요.

책방 운영 3년. 3년이면 성공한 거래요. 대부분 2년 만에 문을 닫는다고요. 왜 2년? 2년이면 공간 임대 계약이 만료된다는 거죠. 집주인이 나가라 해서가 아니라 책방지기가 스스로 나가겠다고 한대요. '2년이면 됐어. 책방지기의 꿈, 2년 마음껏 누렸으니 이제 일하러 가야지(돈 벌러 가야지).' 그런다네요.

(책방은 '일'이 아니고, '돈벌이'도 아닌가? 네. 아쉽지만 그래요.)

책방에 오는 손님들에게 가장 많이 듣는 말이, 자신도 책방지기의 꿈을 가지고 있는데, 그저 꿈일 뿐이라고, 그러면서 책방을 시작하지 못하는 이유가 줄줄이 나와요. 아이 돌보느라 못하고(아이 크면 한대요), 남편이 붙잡고(남편 저녁 차려주어야 한다고 총총 나가시죠), 돈이 없어서 못 하고(서울 아파트 팔면 되어요).

아이 돌보느라 못한다고요?

이 동네 아이들, 부모가 돌보지 않아도 마을이 돌보면서 무럭무럭 잘 자랍니다. 별도로 학원에 다니지 않아도 학교에 충분한 프로그램 있고요. 산과 들이 들려주는 계절 이야기에 몸과 마음이 무럭무럭 자라고. 책방 아이 3년이면 풍월도 읊어요.

남편이 내 생각을 따라주지 않는다고요?

휴혼하세요. 직장에 다니다가 사정이 생겨서 계속 일을 못하면 휴직하지요. 결혼생활도 계속 유지하지 못할 사정이 생긴 거예요.

나는 책방하고 싶은데, 남편은 싫대요.

"당신도 결혼으로 포기한 당신의 꿈이 있지? 나도 결혼 때문에 시작하지 못하는 나의 꿈이 있어. 결혼은 해도 후회, 안 해도 후회한다는데. 우리 결혼해서 행복했지? 가끔 후회

할 때도 있었지만. 우리 인제 그만하자. 결혼이 '해서 후회하는 일'이면 멈추자고. 이혼? 졸혼? 아니지, 휴혼이야. 끝내자는 게 아니야. 멈추자고. 쉬자고. 휴직도 사유가 소멸하면 다시 복직하잖아. 우리도 휴혼 사유가 소멸하면 다시 복혼하는 거야. 예를 들면, 당신이 아파. 내 도움이 필요해. 그럼 나는 당장 달려가서 당신을 간호할 거야. 당신도 마찬가지. 왜냐하면 우리는 부부니까. 가족이니까. 여전히 사랑하니까. 한쪽이라도 힘든 일이 생기면, 그때는 휴혼 사유 소멸이지. 어때? 당신도 결혼으로 포기했던 당신의 꿈을, 나도 결혼이 발목잡고 있는 나의 꿈을. 우리 휴혼하자."

책방할머니는 지금 휴혼 중이에요. 구도자의 길을 가고 싶던 남편, 결혼으로 포기했던 그 길을 가라고, 등 떠밀어 주었어요. 그리고 나는 나의 꿈을 이곳(양평책방 책방할머니)에서, 지금 누리고 있습니다.

돈이 없다고요?

함께 그림책 공부하는 지인이 전철역 인근에 공간을 임대했어요. 많이 망설였대요. 그렇지만 '일단 시작하자. 뭔가 되겠지' 그런 마음으로 시작했는데 그 공간을 채워갈 생각에 가슴이 두근두근한대요.

'나를 위해 딱 이만큼, 이만큼만 투자하는 거야.' (아, 그런데 그 지인은 퇴직해서 연금이 나와요. 먹고살 돈은 있어요) 돈이 없고, 생활을 유지할 돈을 벌어야 하고, 그런 상황이라면 조금 참으세요. 책방 운영해서 먹고살 돈은 나오지 않는다는 것이 책방지기들의 현실적인 조언이랍니다.

가끔 책방 그만두고 세계시민으로 세계를 돌아다니면서 살아보는 꿈을 꾸기도 해요. '돌아다니는' 여행이 아니라 '멈추어 생활해 보는' 그런 여행을. 그러려면 책방 운영이라는 꿈은 접어야 할 수도 있어요.

'책방을 다른 사람에게 매매하고 떠나는 거야.'

그런 생각에 잠시 흔들린 적이 있어요.

그런데 3년을 살아보니, '아니야. 여기. 이것으로 충분해. 아침에 개울 물소리와 새소리가 시끄러워 일어나고, 텃밭에 자라는 싱싱한 채소로 샐러드를 만들어 정원에서 아침 식사를 하고, 손님이 오시면 도란도란 세상 이야기를 나누다가, 저녁이 되면 캠핑 테이블에 앉아 〈세상의 모든 음악〉을 들으며 맛있는 고기를 구워 먹고, 달 환한 밤에는 달님과 애

기하고, 달 어두운 밤에는 별들의 속삭임에 별명을 하고. 그래, 이것으로 충분해.'

그렇게 책방 운영 3년의 행복에 익숙해지면서 '역시, 그림책방'이 되었습니다.

손녀에게 말했어요.

"이 다음에 이 책방, 네가 물려받아서 운영하는 게 어때?"

"응, 좋아. 그런데 그보다 앞서 엄마가 해야지."

딸을 바라보았어요. 고개를 끄덕끄덕.

네, 그래요. '양평책방 책방할머니'는 30년도 더 지나 오래오래, 대를 이어 운영하면서, 쉼이 필요한 그대를 기다릴 예정입니다.

p.s.

이 책은 프롤로그가 3개입니다. 공명 출판사 1쇄이지만, 1년마다 한 번씩 독립출판했거든요. 그래서 어쩌면 세 번째 옷을 갈아입은, 첫 번째 책입니다.

프롤로그 1- 어쩌다 그림책방 : 책방 1년, 준비 기간 100일 동안의 기록을 모아 『어쩌다 그림책방, 양평책방 책방할머니입니다』를 독립 출판했어요.

프롤로그 2- 그래도 그림책방 : 책방 2년, 책방 운영하면서 재미있었던 일을 보태어서『그래도 그림책방, 양평책방 책방할머니입니다』개정판을 독립 출판했어요.

프롤로그 3- 역시 그림책방 : 책방 3년. 책방이 자리를 잡으면서 지금 누리는 소소한 행복을 더 많은 사람과 함께 나누고자『양평책방 책방할머니는 오늘도 행복합니다』를 공명 출판사와 정식 계약하고 출판합니다.

공명 출판사에서 제목을 살짝 바꾸어 주었어요. 책방 할머니의 행복이 책 안에 가득하대요. 이왕이면 대놓고 행복해야지 싶어서 100일간의 기록에 그 이후의 소소한 행복 일기를 보태었습니다.

이 책과 함께 세 번째 출간의 행복을 누립니다.

양평책방 책방할머니는 오늘도 행복합니다.

2025.8.31
양평책방 책방할머니 3년입니다.

• 차 례 •

프롤로그 1 어쩌다, 그림책방을 개업했어요 · 006
프롤로그 2 그래도, 그림책방이 재밌습니다 · 010
프롤로그 3 역시, 그림책방으로 행복합니다 · 015

100일 전. 책방 할머니 준비 시작

100일~76일

양평에 살 거예요 · 028
그림책방 해볼까? · 032
100일 전. 책방 할머니가 될 준비 시작 · 035
책방에 손님이 올까요? · 040
양평책방 일꾼 모집 · 045
'할머니 책방'이 아니라 '책방 할머니'예요 · 048
양평책방에서 잠시 멈춤 · 050
한 사람을 위한 예약제 그림책방 · 054
그냥 다 풀어주세요 · 058
있는 그대로, 존중하는 책방 · 063
어른도 가끔 딴짓이 필요합니다 · 067
삶을 리셋하고 싶어요 · 072
'북카페' 아니고 '책방'입니다 · 076
경력 단절, 『L 부인과의 인터뷰』 · 078
책방 할머니 로고를 만들었어요 · 084

소양리 북스 키친처럼 · 086
게으를 때 보이는 세상 · 091
책방 운영 위해 목수해요 · 094
책방을 호시탐탐 노리는 사람들 · 100
아무것도 안 하는 중입니다 · 105
현재의 행복으로 과거를 치유하는 중 · 110

소설 같은 책방지기의 하루

75일~51일

자식 흉 좀 봅시다 · 116
분노로 포장된 질투 · 121
너에게 없는 오늘 · 128
슬픔과 함께하는 방법 · 131
모든 소중한 날, 넘치게 중요한 날 · 136
원더풀 라이프 · 140
상실을 치유하는 방식 · 144
의미 수업 · 149
미움을 사랑으로 전환하는 방법 · 155
기억의 풍선 · 160
내가 만드는 기념식 · 166
소설 같은 책방지기의 하루 · 172

하루 이모, 양평책방 책방할머니
50일~26일

하루 이모, 양평책방 책방할머니 · 182
아이 데리고 가면 안 될까요? · 189
리디아의 정원 · 194
나의 해방일지 · 199
미드나잇 라이브러리—나를 위한 삶 · 206
안달복달하지 않습니다 · 212
자칭 할머니 vs 타칭 할머니 · 217
긴 여행은 같이 또 따로 · 221
한라산, 정복 아니고 즐기기 · 227
제주 책방 풀무질이 아름다운 까닭 · 231
갱년기 여성을 추앙합니다 · 234
전원주택에 산다는 것 · 237
육아맘을 쉬게 하자 · 244

| 어른이 그림책을 읽어요? |
| 25일~0일 |

더 큰 원을 그려 내 안으로 초대하기 · 252

여성 한 명만, 손님이 올까요? · 256

폭우, 양평 집 안녕? · 259

어른이 그림책을 읽어요? 네, 읽어요! · 263

반려견과 행복하게 살고, 이별하는 법 · 268

완벽을 내려놓으면 · 272

혼자여야 한다는 똥고집? 철학입니다 · 276

천천히 여유 있게 · 281

청소하러 왔다가 물장구만 치고 갔어요 · 285

분노가 아닌, 다른 감정을 느낄 수 있는 여유 · 288

양평 군민이 되었습니다 · 293

시골의 시간은 다르게 흐릅니다 · 297

애기 개구리가 놀러왔어요 · 300

책방 큐레이션 · 305

양평책방 책방할머니의 1호 고객, 나 · 310

0-잠시 멈춤 · 316

에필로그 양평책방 책방할머니 탄생 이야기 · 320

5월
21일

양평에 살 거예요

양평에 집을 얻겠다고 하니까, 주변에서 적어도 다섯 번은 왔다 갔다 하라고 한다. 나는 오늘 세 번째 나섰다.

첫 번째는 지인의 집에, 두 번째는 부동산 소개를 받아 본격적으로, 그리고 오늘은 든든한 가족(오빠)이 함께.
이런 과정을 보니 내가 양평에 살긴 살 거 같다.

토요일 12시. 양평 가는 도로가 꽉 막혀서 팔당역에 주차하고 전철을 이용했다. 기차역의 낭만도 맛볼 겸.
오늘 본 집은 아침을 먹으면서 동영상을 받아 먼저 보

았는데 내 맘에 쏙 든다.

#위치

경의중앙선 국수역에서 1.2킬로미터. 걸어서 이동할 수 있다. 내 새로운 집의 위치 조건은 딸에게 맞추어져 있다. 딸이 대중교통으로 우리 집에 훌쩍 와서 편히 쉬다가 갈 수 있는가? 상봉역 근처에 사는 딸이 경의중앙선 타고 국수역으로 여행을 올 수 있다.

#환경

근처에 집도 있고, 개울도 있고, 청계산도 있다. 그리고 평지다. 눈이 올 때, 가파른 길에는 두려움이 좀 있는 편이라 평지를 선호한다. 그중 개울이 있다는 게 가장 좋다. 내 딸이 개울에서 나오는 음이온을 마시며 편히 책을 읽을 수 있겠다.

#집 구조

1층에 거실이 넓고, 거실과 분리된 주방이 있다. 보조 주방이 있고, 주방에서 마당 데크로 쑥 나갈 수 있다. 2층에 방 두 개가 오밀조밀한데, 발코니와 작은 거실이 있다. 이 역시 우리 딸이 왔을 때 편하게 잠잘 수 있는 공간이라 좋다. 우리 손녀와 사위는 마당에 텐트를 치고 캠핑하겠지? 사위는 안락의자에 앉아서 낮잠을 잘 수도. 손녀는 그저 모든 것이 좋아서 아래위층으로 뛰어다니며 분주할 것이다.

난방

난방이 지열 난방이다. 추위를 잘 타는 내가 빵빵하게 난방 틀어도 돈 걱정 안 할 것 같다. 9월부터는 퇴직자(?)니까.

입주 조건

가능한 한 '빨리'를 강조하고 있는 다른 집과 달리 7월 말 이후라는 입주 조건도 좋다. 석 달이 남았으니 마음이 여유롭다. 방학하고 한 달 정도 남은 기간을 천천히 이사에 집중할 수 있다.

일단 집을 보기 전에 영상으로만 본 것이니까 확정할

수는 없지만 아주 마음에 들어서 훌훌 나섰다.

 집을 후루룩 보고 계약했다. 한 시간도 안 되어서 결정했다. 동영상으로 보는 것보다 훨씬 맘에 들어서.

◆

3년을 살아보니 매매는 잘한 결정이었다는 생각이 들어요. 전원주택은 처음에 전세 살아보고, 괜찮다 싶으면 구매하라고 하는데. 글쎄요? 전원주택은 집뿐만 아니라 마당도 포함합니다. 아파트는 이사 나가면 원상태 그대로인 경우가 많지만(인테리어를 해도 천지개벽하지는 않죠), 전원주택은 그렇지 않아요. 데크를 늘리기도 하고, 텃밭이 이리저리 옮겨 다니기도 하고, 나무는 쑥쑥 자라고, 집 안보다 집 밖에 변화가 더 큽니다. 그런 변화는 집주인이기 때문에 가능해요. 살아가면서 이리저리 꾸미고 싶은 일들이 많이 생기거든요. 집 안에서 생활하기보다는 집 밖에서 생활하는 시간이 더 많다고 할까요? 아파트에 살면서 아파트 정원까지 관리하지는 않잖아요? 전원주택은 집 안팎이 모두 관리 대상이자 즐김의 기회입니다. 전세는 이런 행복의 반쪽만 누릴 수 있는 거죠.

그렇다고 모든 사람이 매매해서 잘했다고 하는 것은 아니에요. 집 팔고 떠날 때는 매매가 잘 안 되어 '발목을 잡는다'라고 표현하더라고요. 이웃에 사는 지인은 전세 살아보고 구매하지 않기를 잘했다고 합니다. 서울로 이사 갔어요. 경우에 따라 다르지만, 저는 성공입니다.

5월
23일

그림책방 해볼까?

양평에 집을 덜컥 계약하고 나서 돌아오는 길은 행복했다. 돌아오는 길만 행복했다.

아들에게 양평에 집을 계약했다고 문자를 보냈더니 따로 살기로 한 아들이 함께 살겠다고 한다.
'오잉? 얘 방을 어디 만들지?'
양평 집은 1층 안방과 2층 손님방뿐이다. 함께 살 자녀를 위한 방은 없다. 2층 방을 '손님방'이라고 칭한 까닭은 손님이 하룻밤 숲속 명상을 하기에는 적당한 크기지만, 거기에 이것저것 살림 들여놓고 살기에는 너무 좁기 때문이다.

그러고 보니 이 집은 내가 살기에는 적당한 집이지만 나중에 팔고 나오기는 힘이 들게 생긴, 그런 별장용 전원주택이다.

'내가 뭐에 씌였지…. 생각 없이 덜컥 계약하다니….'

아들을 달래서 한 달만 살고 나가게 만들고도 내 고민은 무럭무럭 커졌다.

Q1. 뱀 나오면 어떡하지?

A1. 뱀을 만나면 우산 끝으로 집에서 계곡 쪽으로 버려. 뱀은 절대로 나쁜 동물이 아니란다.

Q2. 잡초가 무성하게 자라면 어떡하지?

A2. 새벽에 일어나서 하나하나 풀을 뽑아. 풀과 대화하면서. 그렇게 살려고 전원주택 가는 거야.

Q3. 보일러가 갑자기 고장 나면 어떡하지?

A3. 서비스센터에 전화를 걸어. 센터에서 올 때까지 난방기로 견디면서. 사람이 만든 것은 고장이 나는 거고, 고장이 나면 고치면 되는 거고, 고치지 못하면 바꾸면 되지.

이런 고민이 하나둘 해결되고 보니 이제, 여기서 뭐하고 살까를 생각하게 된다.

'거실에 책방을 꾸미는 거야. 작고 예쁜 그림 책방. 아이들 학교에 보내고 설거지하다가 문득 남이 내려주는 커피 마시고 싶은 엄마, 집에서는 이것저것 보이는 일거리 때문에 마음 놓고 자기 시간을 갖지 못하는 살림하는 엄마, 노출된 카페가 아니라 나 혼자만의 조용한 장소가 아쉬운 그런 엄마들을 위한 1인용 그림책방!'

걱정은 말끔하게 사라지고, 다시 꿈을 꾸기 시작했다.
새로 마련한 전원주택이 자꾸 내 꿈을 부추긴다. 내 집에 행복을 보태준다.

◆

몇억짜리 집을 계약한 날. 많이 우울했어요. 충동구매 했거든요. 이미 계약한 집이고 가슴 아프면 내 건강만 해친다 싶어서, 집에 의미를 부여했습니다. 잘한 거 같아요. 일단 마음이 편안해졌어요.

100일 전.
책방 할머니가 될 준비 시작

나는 9월 1일부터 자유다.
8월 31일까지 근무한다.
오늘은 5월 24일.
정년퇴직까지
앞으로 꼭 100일 남았다.
오늘은 정년퇴직 100일 전이다.

정년퇴직 준비를 10년 전, 5년 전, 3년 전, 1년 전. 그렇게 차근차근 준비한다고는 했지만, 딱 100일 앞으로 다가오니 마음가짐이 달라진다. 이제는 계획에 그쳐서는 안

된다. 그림을 그린 대로 차근차근 책방을 채워나가야 한다. 진짜 새로운 시작이다.

그동안 운영해 오던 블로그 명을 변경했다. 그전의 블로그 이름은 '남미숙의 진로 교실'이었다. 진로 교육 자료를 탑재하고 함께 공부하는 선생님들과 정보를 나누는 블로그였다. 이제는 아이들의 진로가 아니라, 진짜 나의 진로를 고민해야 하므로 내 진로와 관련된 이름으로 변경했다.

'양평책방. (그레구아르와) 책방할머니'

양평책방

양평에 작은 책방을 운영하기 위한 장소도 마련했다. 그러니 이제 본격적으로 양평책방을 전면에 내세운다. '양평책방'이다. 퇴직과 동시에 9월 1일부터 운영이 시작될 이곳은 예약제로 운영할 예정이다. 한 사람을 위한 책방이다. 책과 쉼을 제공한다. 국수역에서 가까우니 훌쩍 떠나고 싶을 때 기차(전철) 타고 여행 가듯. 책방 옆으로 흐르는 계곡 음이온이, 새소리가 그 쉼과 함께한다.

책방 할머니

'책방할머니'는 내가 책방을 생각하게 된 『그레구아르와 책방 할아버지』에서 가져왔다. 고등학교 다닐 때, 부러운 친구가 있었다. 그 친구는 자기 집 앞 책방지기와 친해서 가끔 책방에 들러 이런저런 상담도 하고 책도 추천받는다고 했다. 나에게도 그런 책방이 있었으면…. 하지만 그 친구가 사는 동네와 내가 사는 동네는 사회경제적 지위가 너무 차이 났기 때문에 우리 동네에는 그런 책방이 없었다. 그저 참고서 팔고 기계적으로 계산해 주는 그런 서점이 있을 뿐이었다. 나에게도 삶을 함께 나눌 수 있는 그런 책방지기와 책방이 있다면….

그 친구가 갑자기 소환된 것은 『그레구아르와 책방 할아버지』 때문이다. 뒤처진 청년, 그레구아르를 책이라는 새로운 도구를 통해 멋진 신세계로 나아가게 한 책방 할아버지.

그래, 이제 내가 책방 할아버지가 되는 거야.
그런데 나는 할머니네?
뭐 어때. 책방 할머니 하면 되지.

그래서 나는 책방 할머니가 되었다. 그레구아르처럼 삶이 팍팍한 사람들 곁에 가만히 있어주고, 이야기를 들어주고, 그래서 새로운 자기 세계로 돌아갈 수 있도록.

'양평책방 (그레구아르와) 책방할머니.'
정년퇴직 100일의 첫날.
나는 새로운 출발을 명명했다.

◆

'책방에는 고양이'죠. 특히 그림책방에는 고양이가 있어야 풍경이 완성돼요. 2년 전에 뒷집 고양이가 아기를 낳았어요. 예쁜 아기들을 데리고 책방으로 자주 놀러 왔어요. 그 아기들이 자라서 청년(?)이 되자, 엄마 고양이가 고양이들을 분가시킵니다. 좋은 말로 '분가'지 눈치를 주어서 내쫓는 거예요. 그렇게 쫓겨난 고양이 두 마리가 어렸을 때 놀던 책방으로 살금살금 들어왔습니다. 책방지기도 정성 들여 유혹했어요. 고양이들이 지나는 길에 사료를 두기 시작해서 차츰차츰 데크로, 어느 날부터 완전 책방 고양이가 되었습니다. 그 고양이에게 이름을 붙여주었어요. 그레와 구아르, 『그레구아르와 책방 할아버지』에서 가져온 '그레구아르'예요.

우리 마을에는 이집 저집 가족 고양이들이 삽니다. 다들 조상이 같아서 비슷하게 생겼어요. 처음 보는 사람들은 구분하지 못합니다. 그런데 나는 그중에서 책방 고양이, 그레와 구아르를 정확하게 찾아낼 수 있어요. 우선 눈빛이 달라요.

그레와 구아르는 눈빛이 편안합니다. 철학 하는 눈빛이에요. 그레가 동물병원에 가는 걸 본 이후, 나를 바라보는 눈빛이 달라지긴 했었어요. 잠시. 그래도 나를 째려보는 게 아니라 원망하는 슬픈 눈빛입니다. (다른 고양이는 눈빛이 음흉해요) 그레와 구아르는 나를 믿어요. 나를 원망했던 건 잠시였어요. 이틀 정도는 곁을 맴돌며 내 손길을 거부하더니 나한테 탁 달라붙어서 그동안의 설움을 쏟아냅니다. 무장해제. (다른 고양이는 나를 보면 후다닥 도망가요)

사랑하기 때문에 특별한 거겠죠? 책방을 오고 가던 고양이는 많았는데 특별히 책방을 선택하고 책방 할머니를 집사로 승격시켜 준 그레와 구아르. 특별한 책방 고양이입니다.

책방에 손님이 올까요?

책방, '사업'이 아니라 '삶'이에요

양평 전원주택에 책방을 차린다니 주변 사람들 걱정이 이만저만 아니다.

"아니, 그 골짜기 책방에 손님이 와요? 장사가 될만한 장소를 찾아야지…. 쯧쯧."

평생 학교에만 있어서 사업 개념이 없단다.

그러면 나는 강화도 우공 책방에서 깨달은 철학을 이야기한다.

책방 여행을 하면서 책방 운영을 하려던 생각을 접었는데…. 우공 책방에서 다시 관심이 꼼틀꼼틀~ 싹튼다.

"왜 아이디가 책방 할머니예요?"라는 질문에는 이렇게 답한다.

"소설 『그레구아르와 책방 할아버지』에게서요. 그레구아르 곁에 있는 책방 할아버지 같은 책방 할머니가 되고 싶었거든요. 그런데 책방 사업 너무 어려운 거 같아 접었어요." 그랬더니 이렇게 말씀하신다.

"책방을 사업이라 생각하면 어려워요. 그냥 삶이라고 생각하면 어렵지 않아요."

그러고 보니 우공 책방에 '살고' 있는 두 분은 책방 '운영'이 아니라 삶 속에 책방이 거기 그냥 있는 '일상'으로 보였다. '사업'이 아니라 '삶'으로.

"나는 책방에 둘 책을 구매하기 위해서 목수 일하러 다녀요. 책방 운영하기 위해서 일하죠."

그래, 그럼 나도 할 수 있지 뭐. 삶인데. 만일 내가 책방을 연다면 우공 책방 두 분 덕분입니다!!!

(2022.5.5 우공 책방 방문기)

"사업 안 해요. 그냥 삶이에요. 그리고 손님 아니에요. 책방에 오는 순간 지인이 될 거예요."

주변의 우려대로 아무도 찾지 않는 날이 많을 것이다.

국수역에서 1.2킬로미터를 걸어가야 하는, 그것도 굽이굽이. 그런 외진 책방에 누가 올까?

당연한 걱정이다.

국수역에서 책방까지 1.2킬로미터. 걸어서 15분.

손님이 한 명 와서 만 원짜리 책을 사면 그 외진 곳을 찾아와 준 것이 너무 황송하고 고마워서 2만 원짜리 사은품을 드릴 거다. 그래서 손님이 적을수록 돈이 된다. 손님이 너무 많으면 곤란하다. 하루에 한 명으로 손님 제한.

그런데 왜 책방을 하냐고?

나는 책방 할머니니까!!!

그리고…. 혼자 있으면…. 무서우니까.

◆

책방 운영 3년. '양평책방 책방할머니'는 성업 중입니다. 성업 중이라 말해 놓고 나니 뜨끔하긴 한데요. 네이버 플레이스 예약 시스템에 들어가면 대부분의 예약이 만료되어 있어요. 진짜 예약이 되어 있는 때도 있고요. 책방 할머니가 다른 볼일이 있어 책방을 비울 수도 있고요. '오늘은 내가 예약하겠어.' 쉬고 싶은 날은 내가 예약해요. 책방 할머니도 쉼이 필요하니까요. 가끔 예약하고 못 오시는 분들이 있어요. 미안하다 하시죠. 아니요. 괜찮아요. 내가 대신 손님 하면 되어요. 그런 마음으로 운영하니 책방에 손님이 오시면 오시는 대로, 안 오시면 안 오시는 대로, 모든 날이 행복입니다.

양평책방 일꾼 모집

양평 전원주택 책방에 대해서 주변 사람들이 또 걱정한다. 잡초며 낙엽이며 눈이며. 그 번잡스러운 일을 어떻게 해낼 거냐고.

그러나 나에게는 인적 자원이 있다. 오래전부터 내가 양평으로 가면 눈 쓸겠다, 잡초 뽑겠다, 약속한 사람이 많기 때문이다.

만나는 사람들에게 일단 그 약속이 아직도 유효한지 물었다.

"당연하죠."

"그래? 그럼 서약서를 써요."

'설마 저 할머니가 양평에 가겠어?'라고 생각한 지인들이 날름 서약서를 써준다. 주 1회, 월 1회, 계절별로. 이렇게 구체적으로 들어가면 슬슬 불안해하는데, 다행인 것은 서약서를 받은 다음에 "나 양평에 집 샀어요"라고 말했을 때 반응이다.

"와!!! 정말요? 축하해요."

약속이 진심이었다.

나는 그렇게 매일매일 서약서를 받고 있다. 모두들 기꺼이 작성하는 행복한 노무 계약서다.

◆

이렇게 서약서 쓴 사람. 3년 동안 아무도, 한 번도 안 왔습니다. 잡초 뽑고, 잔디 깎고, 눈 치우는 일. 모두 제가 직접 하고 있습니다. 누구나 전원주택, 살 수 있어요.

〈세상 편한 그들의 참 쉬운 정원 관리법〉 2025.8.13

"매일 아침에 일어나서 한 시간씩 잔디에 잡초를 뽑아."

"잔디 위 잡초는 뽑는 게 아니야. 대신 잔디 깎이로 자주 밀어줘. 잔디밭에 있는 잎 넓은 잡초들은 잎이 잘려 나가면 스스로 죽어."

"아하. 그렇구나. 그걸 모르고 아침마다 쭈그리고 앉아 잡초를 뽑았네."

"그럼, 전원주택에서 잡초 뽑는 노동은 필요 없는 거야?"

"꽃밭 안에 있는 잡초는 뽑아주어야지. 꽃이 잘 자랄 수 있도록."

"그것도 그냥 둬. 겨울 되면 다 죽어."

"내 꽃도 같이 사그라지는데…."

"그게 삶이야. 우리 국수 먹으러 가자."

양평에 사는 선배 전원살이 전문가들과의 수다였어요. 분명히 책방 정원 관리 도와주겠다고 모였는데, 이상한 말만 하고 가버렸어요. (참고로, 두 사람은 부지런한 남자와 함께 삽니다. 참 편한 그들이지요)

'할머니 책방'이 아니라 '책방 할머니'예요

　내가 책방 이름을 '양평책방, 책방할머니'로 하겠다고 말했더니 설왕설래한다. 가장 듣기 좋은 말은 전혀 '할머니'답지 않은 내가 자꾸 '할머니'라고 우긴다는 것이다. 그럴 때는 '할머니'가 가지고 있는 넉넉함에 관해 이야기해 준다. 그럼 일단, 할머니를 받아들인다.

　그런데 자꾸 '할머니 책방'이라고들 한다.
　"아니야. 할머니 책방, 책방 할머니지."
　"그래. 할머니 책방."
　'할머니 책방'은 할머니를 위한 책방, 할머니가 운영하는 책방, 할머니에 대한 자료가 많은 책방 등등.

책방이 주인이고, 할머니는 설명하는 말이 된다.

그런데 '책방 할머니'는 다르다. 책방 할머니는 왜 책방 할머니가 되었을까, 책방 할머니는 무슨 일 할까, 책방 할머니가 사는 공간은 어떤 공간일까 등등 분명히 할머니가 주인이 된다.

그러니 여러분!

'할머니 책방'이라고 부르지 말고 '책방 할머니'라고 불러주세요. 그리고 '책방'보다는 '책방 할머니'에 관심을 두세요.

솔직히 말하면, '할머니 책방'은 '할머니 뼈 감자탕'이 생각나서….

◆

3년이 지났는데 아직도 '할머니 책방'이라는 분들이 있어요. '책방 할머니'인데….

양평책방에서 잠시 멈춤

'양평책방 책방할머니'가 지향하는 책방 철학을 이야기하면 사람들은 책방에 꼭 가고 싶다고 한다.

'책을 읽으러'가 아니라 '잠시 멈추어 쉬려고'.

책방에 책을 읽으러 가는 것이 아니라 멈추러 간다?

눈으로, 책을 보는 것이 아니라 먼 산을 본다?

책은 무릎 위에 펼쳐놓고, 눈으로는 먼 산을 바라볼 수 있는 곳.

사람들은 그런 곳을 그리워한다.

양평책방이 그런 곳이었으면 좋겠다.

그러기 위해서….

한꺼번에 많은 사람이 오는 곳이어서는 곤란하다.

사람이 책을 만나고, 사람이 풍경을 만나고, 사람이 자연 속에 잠시 멈춤. 그런 곳이어야 하기 때문이다.

〈숨비소리 같은 공간〉 2022.11.15

책방을 시작하고 두 달쯤 지났을 때, 2022년 11월 14일 오후 6시 30분쯤. 여기저기 전화가 오기 시작했어요.
"지금 KBS 〈사랑하기 좋은 날 이금희입니다〉에 양평책방 얘기 나오는 거 들었어?"
여자 혼자 갈 수 있는 양평책방 이야기가 나왔고, 그 책방에서 머물다 간 고객이 보낸 사연이래요.
"양평에 작은 책방이 있는데 여자 혼자만의 시간을 보낼 수 있는 책방이에요. 거기 다녀왔는데, 그 시간이 해녀들이 긴 물질을 하고 내쉬는 숨비소리처럼 나에게 아주 꿀맛 같은 쉼이었어요." (KBS 〈사랑하기 좋은 날 이금희입니다〉 2022.11.14 방송)

'해녀들이 긴 물질을 하고 내쉬는 숨비소리.'
어떻게 이런 표현을 쓸 수 있을까. 감탄하면서 다시 듣고 다시 듣고 또 다시 들었어요. 내 작은 책방이 여자 혼자 와서 머물다 가고, 그 시간이 숨비소리처럼 꿀맛 같은 쉼이 된다니….
나는 최고로 행복한 사람이에요. '양평책방 책방할머니'에서.

양평책방 책방할머니

잠시 멈추기 위한
책방입니다.

5월
30일

한 사람을 위한
예약제 그림책방

한국진로교육학회 세미나에서 재미있는 발표를 들었다. 코로나19로 사람들의 행복지수가 낮아지고 우울감이 높아졌다고 하는데, 그건 외향형 사람에게만 해당된다. 내향형은 행복 수준이 유지 또는 상승되었다고.

내향형의 경우 어쩔 수 없이 참석해야 하는 모임들이 코로나19로 법적으로 금지되어 '기쁘게' 격리당했다. 따돌림당할까 봐 억지로 참여해야 했던 식사 자리도 자연스럽게 '혼밥'하게 되었다는 것이다.

불행하게도(?) 코로나19가 끝나자 다시 만남의 시대로 돌아가게 되었고, 코로나19 시대 홀로의 행복을 맛본 내향형은 코로나19 이후 오히려 상실감이 높아졌다.

세미나에서 들었던 내용을 학교에 돌아와서 선생님들에게 말했더니 "맞아, 코로나 때가 좋았죠" 한다.

외향형인 사람은 행복하기 위해 사람을 만난다. 반면 내향형인 사람은 행복하기 위해 혼자의 장소를 찾는다.

내향형의 퀘렌시아(Querencia).

내향형이 혼자의 장소로 피난할 수 있는 퀘렌시아.

싸우다 지친 소들이 관중과 투우사의 시선에서 벗어나 잠시 숨을 고르고 쉴 수 있는, 숨은 장소.

양평책방이 그런 곳이 되었으면 좋겠다.

〈혼자 가서 뭐 해요? 혼자라서 많아요〉 2022.11.29

"양평책방 책방할머니는 여자 어른 한 명만 올 수 있는 예약제 그림책방입니다"라고 하면, "혼자 가서 뭐 해요?"라는 대답이 돌아옵니다.

궁금하면 와 보세요.

먼저 긴 테이블에 앉아서 커피를 마셔요. 경의중앙선 용문 가는 전철과 강릉 가는 기차가 멀리, 양평책방 할머니 앞을 지나요. 얼마 전에 오신 손님이 멀리 가끔 전철이 지나가서 좋다고 해요.

"정지된 화면은 슬퍼져요. 가끔 기차가 지나가니까 좋네요. 예전에 힘들 때마다 호수에 간 적이 있어요. 호수는 정지되어 있잖아요. 그 호수 속으로 걸어 들어가고 싶다는 욕구. 그래서 힘들 때는 호수에 안 가요. 바다는 달라요. 파도가 끊임없이 왔다가 사라지고, 변화가 있으니까요. 힘들 때는 그래서 바다로 갔어요. 기차가 지나가니까 움직임이 있어서 좋네요."

가끔 기차가 지나가는 모습을 보면서 나도 마음이 편안해지곤 했어요. 그 이유를 깨우쳐 준 고객님. 감사합니다.

한 시간 정도 멍 때리고 나면 그림책을 읽어요. 내가 권하는 자리는 소파지만 대부분 바닥에 철퍼덕. 책장 앞을 좋아하세요. 그래서 책방에 실내화를 준비하지 않았어요. 그냥 안방처럼 편안하게 앉을 수 있도록.

가끔 그림책을 앞에 두고 당신의 이야기를 들려주기도 하지요.
어렵게 이별을 받아들이는 이야기.
어디로 가야 할까, 막막한 이야기.

3시간의 머묾이 그렇게 지나갑니다. 들어오실 때와 나가실 때 표정이 달라지면 '오늘 책방 운영. 행복합니다.'
어느 고객이 말한 '숨비소리'.

양평책방 책방할머니

1인 예약제.
혼자여야 해요.
두 사람까지 안 될까요?
글쎄요. 그럴까요?
하지만 한 사람이 원칙.
한 사람이 동행해야 편안한 또
다른 한 사람,
두 사람까지가 허용 범위?

그냥 다 풀어주세요

교직 경력 20년이 훌쩍 넘은 선생님이 수업 시간에 아이들을 내팽개치고(?) 교장실로 내려오셨다.

"너무 힘들어요."

'(속으로) 힘들지…. 나도 힘들어. 교사라는 직업이 원래 힘든 거야. 그러니까 선생님 똥은 개도 안 먹는다고 하잖아. 이렇게 힘든 선생을 너도나도 하겠다는 게 이상하지?'

"애들이 무서워요."

'(속으로) 무섭지…. 나도 무서워. 애들만 무서워? 학부모는 더 무서워. 교실에 있으니 모르지? 하루에도 몇 번씩 학부모 민원 전화 때문에 교장실에서 맥 빠지는 거.'

"마음이 너무 아파요."
'(속으로) 아프지…. 나도 마음이 아파. 나는 늙어서 마음이 아프면 몸도 따라 아프다니깐. 그런데 아픈 만큼 성숙해지는 거래. 마음이 아프다면 성숙해지고 있는 거야. 학년 말 아이들 진급시키고 나서 텅 빈 교실을 보면 행복해질 거야.'

선생님은 한참 울다가 툭툭 털고 일어나서는 "교장선생님이 알아주시니까 이제는 마음이 다 풀렸어요. 고마워요" 하고 올라간다.

내가 뭘 했는데?
순간 띵~!
선생님이 울 때 티슈 꺼내서 건네주고 옆에서 들어주고 내 속에서 올라오는 충고를 꾹꾹 눌러 밖으로 꺼내지 않고 그냥 옆에 있어준 것밖에.

그런데 선생님은 내가 다~ 풀어주었단다.

'양평책방 책방할머니'가 어떤 역할을 해야 할까 고민하면서 기존에 하던 상담에 그림책을 얹어 나름대로 요리조리 상담 공부를 했다. 그런데 오늘 문득 깨달았다.

삶에 지친 사람들을 위한 최고의 상담은 그림책 『가만히 들어주었어』(코리 도어펠드 글그림. 신혜은 옮김. 북뱅크)

이래라저래라 내 말 100마디보다 가만히 건네는 티슈 한 장의 힘.

책방 할머니에게 풀어도 좋고, 2층 발코니에서 바라보이는 계곡에 풀어도 좋고(계곡에 흐르는 물은 그 삶을 떠안고 흘러갈 것이다), 1층 책방 안에서 만나는 그림책 작가에게 풀어놓을 수도 있다.

나름의 방법으로 자신의 힘듦을 풀어놓을 수 있는 곳.
'양평책방 책방할머니'였으면 좋겠다.

양평책방 책방할머니

최고의 상담은 '경청'입니다.
(그런 줄 알았어요)
최근 신박한 공감 방법을
알게 되었어요.
소개할게요.

〈신박한 공감〉 2025.9.15

아이들을 진짜! 이해하고 공감하는 후배 선생님을 만났어요. 얘기할 때마다 "멋져!" 감탄하죠. 이번에는 이런 말을 하더라고요.

5학년을 담임하고 있대요. 최근에 일어난 일 글쓰기 시간이었는데, 똑똑한 여자아이가 눈물 뚝뚝 흘리는 사연을 적었는데요.

그 사연을 요약하면 이래요.

"부모님이 남동생을 너무 편애한다. 동생이 잘못해도 자상한 누나가 참아라. 그런 말을 너무 듣다 보니 전혀 자상해지고 싶지 않다. 자상으로 길드는 게 싫어서 부모님께 반항하면 얘가 갑자기 왜 이래? 사춘기야? 그러면서 또 자기 탓을 한다. 나는 주워 온 애야? 그런 말이 절로 나온다."

공감 잘하는 후배가 답글을 달아주었대요. 부모님이 편애하는 게 아니야. 부모님은 똑같이 사랑하실 거야. 운운. 그런 말이겠지 싶었는데 후배가 써주었다는 글은 전혀 다른!

"부모님 외출하셨을 때 동생을 골방으로 끌고 가. 이불 덮어씌우고 죽지 않을 만큼 두들겨 패줘."

똑똑한 여자아이는 웃음을 되찾았고, 그 남동생도 다행히 죽지는 않았답니다. 그림책 『가만히 들어주었어』에 나오는 토끼의 경청이 가장 훌륭한 공감이라고 생각했어요.

하지만 이런 현실적인 공감도 있네요.

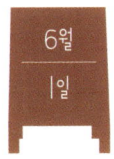

6월 1일

있는 그대로, 존중하는 책방

요즘 내가 빠져 있는 드라마는 〈우리들의 블루스〉다. 노희경 작가의 드라마라서 믿고 본다. 회차마다 다른 주인공의 에피소드 중심 전개도 좋다.

지난 일요일, 〈우리들의 블루스〉를 보다가 깜짝 놀랐다. 다운증후군 배우가 등장한 것이다. 너무 자연스럽고 능청스럽게(?) 연기를 해서 분장한 배우인가 싶을 정도였다. 분명 다운증후군 배우란다.

내가 다운증후군 배우에 관심을 가진 것은 예전에 『내 아이의 강점은 분명 따로 있다』라는 책을 쓸 때였다. 언어

지능과 논리수학 지능이 낮지만, 신체 운동 지능이 높은 사람도 충분히 제 삶을 성공적으로 꾸려나갈 수 있다는 사례로 〈제8요일〉의 다운증후군 배우를 소개한 적이 있다. 자료를 찾아보니 우리나라에도 다운증후군 배우들이 연기 지도를 받고 있다고는 하지만, 살짝살짝 조연으로 등장하는 것 이외에 〈제8요일〉처럼 주인공으로 만나지는 못했다.

정은혜. 그런데 이번에 정은혜는 다르다. 분명히 배우 한지민과 동급 주연으로 등장한 것이다. 불안불안하면서, 응원하는 마음으로 지켜보았다.

'정말 연기를 잘하네' 싶었는데 그 비결을 〈한겨레〉 신문 기사에서 알게 되었다. 정은혜가 드라마 속에서 그토록 빛날 수 있었던 것은 작가 노희경의 기획이었다. 노희경이 극본을 쓴 것이 아니라 정은혜의 삶이 극본이 되었기 때문이다. 1년간 정은혜의 삶을 관찰하면서 정은혜의 삶을 그대로 드라마로 가지고 왔다고 한다. 우리는 연기를 본 것이 아니라 삶을 본 것이다. 그러니 자연스러울밖에. 역시 노희경 작가다 싶다.

진정한 멘토는 어떤 사람인가? 배우를 연기하게 만드는 것이 아니라 드라마 속에서 자기 삶을 살아가도록 하는 것. 그래서 배우의 연기(?)를 사실적으로 만드는 것.

책방 할아버지의 멘토 역할을 닮아가면서 내가 생각하는 것은 책방을 찾아온 방문자가, 남들을 위해 살아가는 자신이 아니라, 자신을 위해서 살아가는 자기 삶을 찾도록 하는 것. 자기 삶을 자연스럽게 살아내도록 하는 것, 그것만으로도 충분한 연기가 되어서 훌륭한 인생의 배우가 되도록 하는 것이 아닐까?

책방 할머니의 멘토 철학은 '존중'이다.
자기 삶을 자기 색깔로 살아가는 것.
그리고 그 삶을 존중하는 것.

노희경 작가님, 정은혜 배우님 존경하고 감사합니다.

양평책방 책방할머니

양평책방 책방할머니는
있는 그대로,
존중하는 책방입니다.

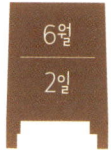

6월 2일

어른도 가끔 딴짓이 필요합니다

1년간 옆을 볼 '자유'가 앞으로 나아갈 '용기' 준다

〈한겨레〉 신문에서 멋진 제목의 기사를 보고, 바로 이거다 싶었다. 오디세이학교를 다루는 기사다.

2016년에 오연호 대표가 세운 꿈틀리인생학교는 '쉬었다 가도 괜찮아, 다른 길로 가도 괜찮아, 잘하지 않아도 괜찮아'라는 제목 아래 16살~18살 아이들이 1년간 자신을 돌아보며 인생을 설계하는 대안교육 과정이다. 오디세이학교나 꿈틀리인생학교는 일종의 '한

국형 덴마크 에프테르스콜레'로 불린다. 에프테르스콜레는 덴마크의 청소년들이 고등학교에 진학하기 전에 1년간 자신을 성찰하며 미래를 설계하는 교육 과정으로 덴마크 청소년의 25% 정도가 에프테르스콜레 과정을 지원한다.(〈한겨레〉. 2022. 5. 30)

자유학기제가 처음 우리나라에 들어올 때, 자유학기제를 먼저 실시하고 있는 외국의 사례를 연구했다. '멈춤'이었다. 에프테르스콜레처럼 잠시 멈추고 자신을 돌아보는 여유다. 그 기간이 한 달이기도, 1년이기도 하지만 일단은 '멈춤'이다. 남들이 다 함께 가야 하는 밖에서 재촉하는 교육 일정에서 잠시 '멈춤'. 그래야 비로소 나만의 진로를 볼 수 있기 때문이다.

그런데 우리나라에 도입된 자유학기제는 '멈춤'보다는 '활동'에 치중한다. 그래서 자유학기제 하는 아이들이 분주하다. 어쩌면 더 많은, 남들이 짜놓은 활동 속으로 아이들을 몰아넣고 있는지도 모른다.

〈한겨레〉 기사를 읽으면서 '멈춤은 학생들에게만 필요한 것이 아닌데…' 하고 생각했다. 오디세이학교는 어른들에게도 필요하다. 그리고 그 선택은 어른 개인의 몫이다.

　양평책방은 그런 멈춤과 딴짓을 제공하고 싶다. 옆을 볼 자유가 앞으로 나아갈 용기를 준다. 눈치 보지 않고 옆을 볼 자유를 누릴 수 있는 공간, 그래서 앞으로 나아갈 용기를 얻을 수 있는 공간이면 좋겠다.

◆

제 의도대로 양평책방 책방할머니를 방문하는 사람들은 대부분 책을 읽기보다는 딴짓을 합니다. 3시간 내내 잠을 자기도 하고, 멀리 기차 지나가는 모습을 바라보기도 하고, 고양이와 놀기도 하고. 글쎄, 3시간 동안 잡초만 뽑다 간 분도 있다니까요.

양평책방 책방할머니

잠시 멈춘 직장인,
육아 중인 육아맘,
멈춤이 필요한 어른들.
당신의 딴짓을 응원합니다.
양평책방에서
마음껏 옆을 보세요.
어른을 위한 오디세이학교입니다.

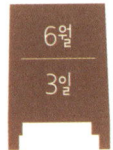

삶을 리셋하고 싶어요

초등학교 3학년 아이가 교장실에 내려와서 종알종알 자기 얘기를 한다.

"다른 학교로 전학을 가고 싶어요."

"왜?"

"지금까지는 내가 실수도 많이 하고 부끄러운 일도 많이 했거든요. 그래서 아무도 나를 알지 못하는 학교에 가서 다르게 살고 싶어요."

지금과는 다른 환경에서, 지금까지의 나를 모르는 사람들 속에서 지금까지의 나와 다른 사람으로 살아보고 싶단다.

"풋!"

얼마나 오래 사셨다고요. 겨우 10년을 살아보고 삶을 리셋하고 싶으세요?

그러다가 문득, 62년을 살고 새로운 환경으로 전직하는 나. 어쩌면 내가 리셋이 필요?

사실 돌아보니 나도 그 아이와 같은 생각을 많이 해봤었다. 어제의 나를 돌아보면 어리석고 부끄러운 것이 많아 '새로 태어나면 잘~할 텐데' 그런 마음이었다. 그래서 엄마한테 나도 전학 가고 싶다는 말을 자주 했었다. 물론 초등학교 3학년 아이의 말을 내가 "풋!"하고 무시하듯이 우리 엄마도 나의 말을 웃어넘겼지만.

나도 리셋해 볼까? 정년퇴직과 함께 지금까지의 세상과 다른 세상으로 이주할 수 있는 절호의 기회인데?

내 삶을 돌아보면 얼굴이 화끈거릴 만큼 미안한 사람들이 있다. 그런 사람들에 대한 기억을 리셋해 말끔하게 지우고 다른 세상에서 지금까지와는 전혀 다른 모습으로 실수하지 않고 살고 싶다.

그러다가….

내가 리셋한다고 그 사람들 기억 속에 남아 있는 나의 어리석음까지 원위치가 되는 건 아니잖아. 그보다는 용기를 내 미안하다고 말해야겠다.

"당신에게 이러이러한 실수를 저질러서 미안해요. 그 미안함이 내 마음 한구석에 내내 자리해서 나도 힘들었던 거 알아요? 미안하지만, 나를 용서해 주고 내 잘못을 잊어주시겠어요?"

다시 관계를 잘해보는 것까지 욕심내지 않아도 당신 기억 속에 찜찜하게 남아 있을 내 어리석음을 좀 정리해 보자는 것이다. 그래서 내 양평책방 처음 고객은 내가 선택한다. 사과하고 싶은 사람을 양평책방에 초대한다. 맛있는 차와 음식을 대접한다. 당신에 대해 가장 미안한 부분을 그린 그림책을 선물한다. 용서해 달라, 잊어달라, 구체적으로 말은 못 해도 2층 발코니와 손님방에서 잠시 쉬면서 나에 대한 나쁜 기억을 없애주시기를.

혹시 내가 당신을 초대했다면, 그리고 아무 말 없이 그림책 한 권을 쓱 내민다면 나는 당신에게 미안했던 겁니다.

6월 7일

'북카페' 아니고 '책방'입니다

"북카페 한다며? 나 바리스타 자격증 있어."
"커피에는 와플이지. 와플은 내가 구울게."
"잼을 직접 만드는 거야. 잼 만드는 거 내가 맡을게."

내가 양평에 '책방'을 차린다고 했는데, 주변 지인들이 '먹을 것'만 얘기한다.
"책방이라고!"
"응, 북카페!"

'책방'이라고 몇 번을 말해도 '북카페'란다. '책방'과 '북카페'는 분명히 다르다. 분명한 것은 양평 내 집은 '북카페'를 하고 싶어도 못 한다는 것이다. 양평책방은 자연 환경 보전 지역에 있어서 음료 등을 파는 카페를 할 수 있는 근린 생활 시설로 변경할 수가 없다.

책방을 '사업'이 아니라 '삶'이라고 마음먹었지만, 고객과 주인의 관계에서 돈이 오가기 때문에 절차와 허가가 필요하다. 주거 업무 시설, 근린 생활 시설. 생소한 용어들을 책방을 준비하면서 새롭게 알게 되었다. 복잡하다.

내 '삶'에, 최소한의 '사업'이 될 수 있도록 '북카페'가 아니라 '책방'으로 결정했다.

양평책방은 '책방'이지 '북카페'가 아닙니다.
책방 할머니가 내려 먹는 커피는 나누어 드려요.
물론 공짜로.

◆

Tip. 전원주택을 북카페로?
혹시 전원주택을 구입해서 북카페를 하고자 하는 마음이 있다면 북카페로 허가가 날 수 있는지를 꼼꼼히 체크해 보세요.

경력 단절,『L 부인과의 인터뷰』

"나는 손주가 생겼으면 좋겠다고 생각하다가도 그렇게 열심히 공부한 내 딸이 집에서 아기 키우느라 자신의 꿈을 포기하는 걸 생각하면 내가 손주를 포기하는 게 더 낫다고 생각해."

며느리의 출산에 대해서는 생각이 일치하다가 딸의 출산 얘기가 나오면 입장이 달라진다.

나이가 차면 결혼이 당연한 줄 알았고, 결혼하면 아기를 당연히 낳는다고 생각했던, 예순이 넘은 우리들의 생각도 딸에 이르면 달라진다.

> 결혼을 안 해도 좋다.
> 결혼을 한다면 자식을 안 낳아도 좋다.
> 네가 꿈을 포기해야 한다면.
> 아직 우리나라에서 출산은
> 여성의 경력 단절을 요구하기 때문에.

그림책 『L 부인과의 인터뷰』(홍지혜 글그림. 옛눈북스)는 출산과 육아로 경력이 단절된 여성의 꿈 찾기를 그렸다.

> 이름이 어떻게 되시죠?
> 그냥 L 부인이라고 불러주세요.
> (『L 부인과의 인터뷰』)

여성은 결혼과 육아로 경력 단절이 되면 그때부터 이름 대신 '~부인'이 되기도 하고, '~엄마'가 되기도 한다.

> 아, 우리 신랑이요?
> 처음엔 먹잇감으로 점찍어 접근했죠.
> 그런데 사슴 같은 눈망울에 빠져 결혼까지 하게 되

었네요.

　(『L 부인과의 인터뷰』)

남편은 사슴 같은 눈망울을 가진 사랑스러운 사람이다. 남편에게는 문제가 없다. 누구 탓이 아니다.

　L 부인, 결혼 전에는 무슨 일을 하셨나요?
　음, 저도 한때는 잘나가는 사냥꾼이었어요.
　지금은요?
　아이를 낳은 후 그만뒀어요.
　강의 요청은 계속 들어오는데
　아이를 봐줄 사람이 없었죠.
　매일 밤 늦게 들어와야 했고요.
　그리고 1년, 2년 지나니 이제 강의 요청도
　들어오지 않더라고요.
　(『L 부인과의 인터뷰』)

결혼 후 육아하면서 자연스럽게, 자의든 타의든 경력 단절이 된다. 여자는.

그리고 마침내 잠시 잊고 있던 자신의 사냥 도구를 찾았다. L 부인은 어떻게 될까?

내 딸들이 육아하면서도 자신의 꿈을 포기하지 않았으면 좋겠다. 혹시 잠시 쉬더라도 경력 단절이 아니라 경력 잠시 멈춤이었으면 좋겠다. 그리고 쉬엄쉬엄 자신의 사냥 도구를 매만지면서 경력 이음을 준비했으면 좋겠다.

다시 사냥터로 나서기 위해서 사냥 도구를 매만지는 장소가 '양평책방 책방할머니'였으면 좋겠다.

◆

책방에는 육아로 인한 경력 단절 여성이 많이 오세요. 몇 년 전에 박카스 광고, 〈엄마 편〉을 보면서 슬펐던 적이 있어요. '엄마라는 경력은 왜 스펙 한 줄 되지 않는 걸까.' 육아를 경력 '단절'이라고 보면 우울한데, 육아를 경력 '이동'이라고 보면? 경력이 '단절'된 것이 아니라 육아라는 새로운 경력으로 '이동'. 육아가 끝나면 또 다른 경력으로 '이동'한다. 이렇게 보면 육아는 '멈춤'이 아니라 '준비'를 의미하죠.

〈자발적 추방, 19호실로 가다〉 2022.9.1

이 소설책은 건드리기가 겁이 났어요. '양평책방 책방할머니'의 탄생, 그 바탕이 되기 때문이죠.

"이 소설은 고독의 충만을 느끼고 싶은 사람들에게 잠시나마 자발적인 추방의 시간을 선물할 것이다."

– 최은영(소설가)

도리스 레싱의 소설 『19호실로 가다』를 추천하는 소설가 최은영의 글이에요. 누군가에게는 자발적인 추방이 필요할 때가 있어요.
소설은 이렇게 전개되어요.
'혼자의 공간이 필요하다.'
비어 있는 여분의 방을 이용했지만 언제나 가족의 부름에 대응해야 했고, 그렇지 못할 때는 죄의식을 느꼈어요.
'엄마의 방을 확보했다.'
가족들과의 대화를 통해 혼자만의 시간을 보낼 권리를 인정받고 엄마의 방을 확보했어요.
엄마의 방을 내어주는 것이 가족의 선심인 듯.
그래야 하나? 나만의 공간을 확보하는 것이 그들의 선물이어야 하는 건가?
자신만의 방을 확보하는 과정에서 떨떠름해져요.

'엄마의 공간은 없었다.'

엄마의 공간이라는, 집 안에 있는 엄마의 방은 자연스럽게 가족이 모이는 가족의 공간이 되어버리죠. 미소를 지으며 체념합니다. 미소를 지으며. 이 말이 더 슬퍼요.

'집이 아닌 장소에서 혼자만의 장소를 꿈꾸다.'

결국 외부의 방을 하나 빌리기로 하죠. 혼자만의 공간을 확보했어요. 그런데 공간이 하필 호텔인 것이, 남들의 시선에 의심 가득했어요. 그렇지만 일단은 자신만의 공간을 확보했어요. 그리고 잠시, 그곳에서 편안했어요.

하지만 그럼에도 이 소설을 평한 "일상과 저항을 잔인하게 그려냈다"라는 표현이 딱 맞아요. 그녀의 19호실은 안전하지 못했거든요.

내가 여자 혼자만 올 수 있다는 양평책방의 운영 원칙을 말하자 어떤 이는 "에이~" 하는데 어떤 이는 "어머!"합니다.

"어쩔 수 없이 애 남편 떼놓고 혼자 가야겠네요" 하면서 그 '어쩔 수 없음'을 너무 티 나게 반겨요. 때로는 자발적 추방이 필요합니다.

'양평책방 책방할머니.'

프레드의 의심스러운 눈빛이 없는 혼자 있고 싶은 여자들을 위한 아주 안전한 '19호실'을 '양평책방 책방할머니'가 제공하고자 합니다. 자발적 추방을 꿈꾸는 여자들의 자신만의 공간으로.

책방 할머니 로고를 만들었어요

'양평책방 책방할머니'는 소설 『그레구아르와 책방 할아버지』에서 유래한다고 여러 번 밝힌 바 있다.

길을 잃고 방황하는 청년 그레구아르에게 책을 통해서 자신의 길을 밝혀준 책방 할아버지처럼, 누군가의 곁에서 자신의 길을 찾도록 여유를 제공하는 책방 할머니. 그 역할을 하고 싶은 거다.

이런 얘기를 후배와 나누었는데, 오늘 그 후배가 나에게 책방 할머니 로고를 만들어 주었다.

"어때?" 지인들에게 보냈더니 "어머 딱 너야!" 하면서 좋아한다. 나도 좋다. 이렇게 푸근한 미소를 가진 할머니를 그려주어서 좋고, 그림을 보고 나를 떠올려주어서도 좋고.

책방 할머니의 푸짐한 미소를 선물해 준 사랑스러운 후배, 조근영 선생님. 고맙습니다.

소양리 북스 키친처럼

여자 셋이 삽니다

양평책방의 시작은 글쓰기 모임에서 내가 썼던 소설, 「여자 셋이 삽니다」이다.

상처받은 여자 세 명이 남해가 바라보이는 전원주택에서 게스트 하우스를 운영한다. 쉼이 필요한 사람의 멈춤을 위해.

이 소설을 모임에서 발표하고 나니 사람들이 그런 곳이 있으면 자신이 가고 싶다고, 소설을 말하는 자리에서 소설

보다는 자신의 위로받고 싶은 삶을 더 많이 이야기한다.

그때부터였다. 나도 쉼이 필요하듯 누군가도 쉼이 필요하다. 그럼 내 쉼을 위한 공간을 다른 사람들과 나눌 수 있지 않을까?

『책들의 부엌』(김지혜 지음. 팩토리나인)

내가 쉼을 위한 양평책방을 준비한다고 하니까 지인이 『책들의 부엌』을 읽어보라 권했다. 김지혜 장편소설이다.

"콘셉트가 양평책방 책방할머니하고 비슷해."

양평책방 이미지와 비슷하단다. 밀쳐두었다가 비가 와서 매우 심심했던 날, 가볍게 꺼내 읽기 시작했다. 그리고 완전히 빠져들었다. 소양리 북스 키친으로.

> 북스 키친은 말 그대로 책들의 부엌이에요. 음식처럼 마음의 허전한 구석을 채워주는 공간이 되길 바라면서 지었어요. 지난날의 저처럼 번아웃이 온 줄도 모르고 마음을 돌아보지 않은 채 살아가는 사람들이 의외로 많더라고요. 맛있는 이야기가 솔솔 퍼져나가서

사람들이 마음의 허기를 느끼고 마음을 채워주는 이야기를 만나게 됐으면 했어요. 그리고 누군가는 마음을 들여다보는 글쓰기를 할 수 있으면 더 좋겠다고 생각했고요.

(『책들의 부엌』 225쪽)

그래, 바로 이거야. 내가 하고 싶은 책방.

당신만의 곳간채 창고를 찾길, 그곳에서 파도 소리를 듣길, 할머니의 손길을 닮은 따스한 순간을 만나기를 바라며….

(『책들의 부엌』 55쪽)

소양리 북스 키친 있던 자리, 할머니와의 추억에 위로받고 싶어 하는 다인을 위해 책 선물과 메모. 그래, 양평책방은 한 사람 한 사람을 위로하는 곳이어야 한다.

그렇지. 스무 살 때 꿈꾸던 건 유치하고 비현실적이라고만 생각했는데 이제야 알겠어. 꿈이란 건 원래 현실적으로 생각하면 말도 안 되는 거라서 자신을 더 근사한 사람이 되도록 만드는 에너지라는 걸. 인생의 미로에 얽히고설킨 길에서 목적지를 잃어버렸을 때, 가만히 속삭여 주는 목소리 같은 거였어. 꿈이란 게 그런 거였어.

(『책들의 부엌』 75쪽)

꿈과 현실 사이에서 고민하는 청춘들에게 자신을 찾아가는 다양한 시도를 해볼 수 있고 쉼터가 될 수 있는 곳. '양평책방 책방할머니'도 그런 곳이 되었으면 좋겠다.

양평책방 책방할머니

삶에 지친 대한민국의 딸들을 위해
꿈꾸기 시작한 '양평책방 책방할머니'.
누군가를 위로할 수 있는
책들의 부엌이 되었으면 좋겠습니다.

양평책방은
멈춤이 필요한
당신을 위한 책방이에요.
잠시…. 쉬세요.
'양평책방, 책방할머니'에서
이렇게 아무것도 안 해도 되나?
그런 죄의식 없이!

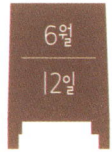

6월
12일

게으를 때 보이는 세상

휴일(休日)은 쉬는 날이다. 분명 쉴 휴(休). 그렇다, 휴일은 쉬는 날이다. 그런데 언제부터인지 쉬는 날 쉬었는데 죄책감(?) 같은 것이 든다. 내가 그렇게 말했더니 친구들도 그렇다고 공감한다.

휴일에는 책을 보든가, 영화를 보든가, 여행을 가든가, 그렇게 '쉬기 위해서 무엇을 해야 한다'라고 생각한다. 그게 바르게 쉬는 거라고 생각한다. 그냥 아무것도 하지 않고 빈둥거리며 보낸 휴일 저녁에는 내가 이 귀한 시간을 그냥 흘려버렸구나…. 죄책감이 든다.

그때 눈에 번뜩 뜨인 책이 『게으를 때 보이는 세상』(우르슐라 팔루신스카 글그림. 이지원 옮김. 비룡소)이다.

'편안히 누워서 쉬고 있는 사람들의 시선 끝에는 무엇이 있을까요?'

고개를 들어 하늘을 바라볼 여유가 없는 사람들에게 작가가 보내는 위로의 메시지다.

'신문을 보지 않아도, 시장에 가지 않아도, 이곳저곳 찾지 않아도 괜찮아. 누워서 하늘을 바라봐.'

이렇게 그림책은 권하고 있다.

그래서 나도 죄책감 없이 누워서 휴일을 휴하기로 했다. 누워서. 누우니까 새로운 세상이 보인다.

양평책방 책방할머니

게을러도 괜찮아.
누워서 하늘을 봐.
거기 또 다른 세상이 있어.
게으를 때 비로소 보이는 세상이야.
게을러야만 볼 수 있는 세상이지.
죄책감 없이
빈둥빈둥 쉴 수 있는 공간.
양평책방, 책방할머니.

책방 운영 위해 목수해요

양평책방 운영에 결정적 계기였던, 강화도 우공 책방, 책방지기와의 대화.

"책방은 목돈 들어가고 푼돈 버는 곳이에요. 책 사느라 목돈이 들어가죠. 그런데 수입은 하루에 몇만 원 또는 아예 없는 날은 더 많고요. 책방은 돈 벌기 위해서는 못 합니다. 좋은 책 읽기 위해서라는 게 맞아요. 책을 사 오는 돈은 어떻게 마련하냐고요? 제가 원래 목수예요. 좀 고급 목수지요. 책 사 오는 돈 벌기 위해서 가끔 목수 일하러 갑니다. 목수 일 하고 번 돈으로 책을 사서 책방에 전시해요. 주업이 책방이고 목수가 부업인데 돈은 부업인 목수 일로 벌어서 주업인 책방에 써요. 아이러니죠? 그런데 그게, 좋아서 하는 거니까요."

부업인 목수 일 해서 돈 벌고, 주업인 책방에서 돈을 쓴다? 이쯤 되면 주업과 부업을 바꿔야 하겠지만 책방지기는 책방이 주업이라고, 절대 바꿀 생각이 없는 듯하다. 책방지기는 행복을 가져오는 직업이므로.

Q. 책방 해서 돈 벌 수 있어요?

정년퇴직하고 책방을 운영하겠다고 나에게 조언을 구하는 지인들이 생겼다. 이런 사람들에게 꼭 해주고 싶은 말은 이거다.

'책방은 돈을 쓰는 곳입니다. 책을 사 올 돈을 벌 수 있는 부업이 있어야 해요.'

물론 카페까지 함께 운영하면 수입이 전혀 없지는 않다. 하지만 온종일 분주하거나(그래야 수지가 맞다) 직원 월급 챙겨줘야 하는 부담감 때문에 혼자 하고 있다는 지인은 음악이 흐르는 북카페에서 좋아하는 책 읽으면서 커피 내리는 우아한 모습은 한 번도 실현해 본 적이 없다고 오랜만의 외출에서 고백한다.

"남이 내려주는 커피는 맛있네…" 그러면서.

Q.그런데 왜 책방을 운영해요?

나는 목수 일도 못 하는데 무슨 돈으로 책을 사나? 연금 야금야금 아껴서 쓰려고요. 책방에서 내 취향의 책 읽고 쉼이 필요한 사람에게 잠시 틈을 내어주고 훌훌 털고 다시 날아가는 뒷모습에 뿌듯하고. 그럼 좋죠. 양평책방에서 이렇게 행복하니 돈 쓸 일이 없어요. 마당에서 이마트가 쑥쑥 자라고 있으니까요.

◆

제가 책방 이야기를 출판하려고 한다니까. 출판을 지도해 주신 강사님이 물어요. "무슨 얘기 쓰실 거에요? 돈 못 벌어 어렵다는 얘기요? 그런 책방 이야기는 이미 너무 많아요." 행복한 책방 이야기를 쓰겠다고 했더니 고개를 갸웃하세요. 책방 운영은 그만큼 경제적으로 어렵다는 얘기. 책방 운영 3년 해보니. 그 말 정말 맞습니다. 그래도 행복하니까 계속하려고 해요.

〈가난하게 우아하게〉 2023.3.31

사랑하는 후배 부부가 평일에 찾아왔어요. 휴일에는 차가 막혀서 평일에 왔대요.
"직장은?"
"사표를 냈어요."
"둘 다?"
"네."
참 쉽네. 평일에 느긋하게 여행 다니기 위해서 사표를 내면 되는구나. 정원에 잡초 뽑기를 도와준다고 구절초를 다 뽑아버렸어요. 쑥인 줄 알았대요.
"어떻게 먹고살려고?"
"그동안 벌어둔 것으로 가난하게 살면 되어요. 가난하게 우아하게."
명퇴하고 영종도에 '온갖 책방'을 운영하는 책방지기가 '양평책방 책방 할머니'를 방문했어요.
"오늘 책방은?"
"수요일, 일요일. 두 번 쉬어요."
"책방 운영해서 먹고살기 힘들죠?"
"가난하게 우아하게 살면 되어요."
그녀가 남기고 간 온기가 햇살인 것은 그녀의 가난하게 우아하게 사는 행복에서 비롯된 거겠죠?
아들이 직장을 옮겼어요.

"엄마, 요즘 내가 엄마한테 화를 잘 안 내지?"

"응(그동안 좀 까칠했어)."

"직장이 마음에 들어. 마음이 편하니까 화가 안 나. 그동안 내가 엄마한테 화를 낸 건 엄마가 잘못해서가 아니라 나한테 화가 나는 거였어."

"뭐가 그렇게 마음에 들어?"

"배울 게 많아. 실력자 선배들과 있으니까 든든해."

"또?"

"회식을 점심에 해."

"또?"

"칼퇴근해."

"불편한 건 없어?"

"보수가 작아졌어. 그런데 사는 데 지장 없어."

아들도 가난하게 우아하게 사는 것을 택했어요.

중요한 것은 '가난하지만 우아하게'가 아니라 '가난하게 우아하게'예요. 어쩔 수 없이 '가난하지만', 그래도 '우아는 잃지 않고'가 아니에요. '가난'도 '우아'도 선택이죠.

오래전에 제목이 마음에 들어 사두었던 책이 있어요.

『폰 쇤부르크 씨의 우아하게 가난해지는 법』

이 책에 관심을 가졌던 그때는 매우 분주했어요. 덕분에 가난하지 않았어요. 분주보다는 가난을 선택할까, 하는 마음으로 책을 구매한 듯해요. 그런데 너무 분주해서 책을 읽을 시간이 없었어요. 이제 가난하게 우아하게 살게 되면서 이 책을 다시 꺼내 보았어요. 앞 장 몇 장을 넘기다가 덮었어요. 지금 나는, 폰 숀부르크 씨보다 훨씬 더 가난하게 우아하게 살고 있다는 걸 깨달았거든요.

가난하게 우아하게, 궁금하세요?
'양평책방 책방할머니'에서 3시간만 보내면 스스로 알아차릴 수 있어요.

책방 할머니의 일터이고,
쉼터이고
꿈꾸는 다락방입니다.
돈은 못 벌어도
행복은 왕창 법니다.

6월
14일

책방을 호시탐탐 노리는 사람들

아무래도 '양평책방 책방할머니' 정체성이 의심스럽다.

> A : 책방이 온통 초록, 그린 책방이야. 원예치료도 겸하면서. 식물은 내가 관리할게.
> B : 그림책 주인공 인형 있지? 인형들로 꾸미는 거지. 아이들도 신나게 놀 수 있게.
> C : 책과 그림이지. 그림책방이잖아. 원화를 전시하자.

책방을 준비하는 건 분명 난데 지인들이 더 신난다. 자신이 그리는 '양평책방 책방할머니'의 콘셉트를 이야기하면서 그것에 맞게 인테리어 해주겠다고 나선다. '양평책방 책방할머니'에 대한 통통 튀는 아이디어만으로도 충분히 행복한 수다가 이어진다.

'양평책방 책방할머니'의 주인으로서 나는, 좀 걱정이 된다. 도대체 제각각 나서서 해주겠다는 '양평책방 책방할머니'는 뒤죽박죽? 그래도 지인들의 이런 행복한 수다는 단순히 제안에 그칠 수 있어서 그나마 다행이다.

친언니와 친오빠는 다르다. 말이 행동으로 옮겨갈, 실천율이 매우 높기 때문이다. 언니는 매일 책이 가득한 예쁜 서점의 사진을 나에게 보내온다. 이렇게? 저렇게?
오빠는 다양한 텐트와 그늘막 사진을 보내온다. 잔디가 있는 마당에 나무로 데크를 깔고 그 위에 이런저런 텐트를 설치한다고 한다. 그 텐트 중에는 1년 내내 고정되는 것들도 있다. 오빠의 의견을 따르다가는 '양평책방 책방할머니'가 난민촌이 될 거 같다.
그래서 오늘, 언니가 이케아에 가자고 해서 얼른 따

나섰다. 내 책방은 언니가 보내준 사진 속, 유럽의 전통 책방이 될 수 없다고! 그리고 손님은 한 명인데 책 읽는 공간이 이렇게 많이는 필요 없다고! 쉴 수 있는 공간은 단순함이 최고의 인테리어라고!

얼른 가구를 정해야겠다. '상점'이 아니라 '쉼터'인 공간이 되기 위해서.

양평책방 책방할머니

단순함이
최고의 인테리어입니다.
아무것도 없어야
편안히 쉴 수 있어요.
무엇보다도 내가.
책방지기가….

6월
15일

아무것도 안 하는 중입니다

운동 중독

출근길, 지하철을 타려고 에스컬레이터를 내려가면서 올라오는 남자를 보았다. 그 남자는 검은색 티셔츠와 검은색 바지, 그리고 검은색 백팩을 메고 있었는데, 오른쪽 다리를 계단 두 칸 위에 올려, 두 손으로 오른쪽 무릎을 잡고, 꾹꾹 누르면서 스트레칭하고 있었다.

지하철을 타면 에스컬레이터나 엘리베이터보다 계단을 이용하는 편이다. 가끔은 선택의 여지 없이 에스컬레이터를 이용한다. 계단은 없고 에스컬레이터만 있는 경우다.

오늘 아침이 그랬다. 내려가는 에스컬레이터, 올라오는 에스컬레이터. 운동은 강제 중지. 그런데 그 남자는 그 틈을 이용해서 나름대로의 방법으로 스트레칭을 하고 있었다.

군자역에서 내려 에스컬레이터를 타고 올라가면서 그 남자처럼 오른쪽 다리를 두 계단 위에 올리고 스트레칭을 했다. '오! 이거 괜찮네' 하는데 위에서 내려오는 여자가 나를 이상한 눈으로 바라본다. 슬쩍 오른쪽 다리를 내려 제자리로 모았다. 운동 중독. 이 운동 중독을 언제 벗어날까? 나를 바라보던 그 여자도 도착역 에스컬레이터를 올라갈 때 나처럼 오른쪽 다리를 두 계단 위에 올리지 않을까?

'~하는 중' 중독

새벽에 일어나서 잠시 멍하니 앉아 있었다. 빗소리가 요란해서 일찍 잠이 깬 까닭에 더 잘까? 일어날까? 망설였다. 시간이 '속절없이' 흘렀다. 뭐 하는 거지? 얼른 일어나서 출근 준비해야지. 시간이 아깝잖아. 아무것도 하지 않을 때 찾아오는 불안감.

내 멍때림에 '명상'이라는 이름을 붙여주었다. 그랬더

니 내 마음에 다시 평화가 찾아왔다. '나는 명상 중이야.' 모든 시간에 이름을 붙여야 편하다. 공부 중, 등산 중, 사교 중, 쇼핑 중.

'~중'에서 벗어나는 연습이 필요하다. 나는 '아무것도 안 하는 중!'

그런데. 에스컬레이터에서 두 계단 위로 한쪽 다리 올리고 두 손으로 무릎을 누르고 무릎을 구부렸다 폈다 스트레칭을 해보세요. 시원~해요. 아무도 없을 때. 살짝.

양평책방 책빙할머니

아무것도 안 해도 됩니다.
아니, 안 하셔야 합니다.
'쉬어야지.'
쉬겠다는 생각도
내려놓으세요.

현재의 행복으로
과거를 치유하는 중

"과거를 돌아보세요. 언제 행복했나요?"

지난 일요일, 그림책 감정 표현 놀이 강의를 들었다. 어린 시절로 돌아가 그 시절의 행복했던 순간을 떠올려보자는 의도였는데…. 미안하게도 나는, 어린 시절보다 '지금'이 행복하다. 내 어린 시절을 돌아보면 나는 그다지 행복하지 않았다.

내 어린 시절을 돌아보면 온 가족을 어깨에 짊어진 엄마가 가장 먼저 떠오른다.

그 가냘픈 어깨 위에서 얼마나 나는 불안불안했는가.

그래서 나는 어린 시절을 회상하는 게 싫다.

"나는 지금이 가장 행복해요. 내가 하고 싶은 일을 할 수 있어서요."

"예를 들면?"

"어렸을 때는 나 혼자만의 방이 있으면 좋겠다. 그건 그저 바람일 수밖에 없었어요. 그런 형편이 못 되었거든요. 그런데 지금은 양평에 전원주택 사서 책방 하고 싶다, 그런 생각이 현실이 될 수 있잖아요. 혼자만의 방이 아니라 혼자만의 집도 가능해졌어요. 지금이 행복해요."

"잘 사신 거예요. 대부분의 사람은 어린 시절의 행복으로 현재의 아픔을 치유하거든요."

나는, 현재의 행복으로 과거의 아픔을 치유하는 중이다.

〈행복한 양평책방 책방할머니-행복을 나누어 드립니다〉 2023.6.13

"저 담 너머 해바라기 네가 심었어?"
(남의 땅 꽃이지만 나만 즐길 수 있는 위치니까)
"아니. 옆집 아주머니가."

"잔디가 곱네. 네가 깎았어?"
"아니. 형부가."

"오이지가 맛있네. 네가 담았어?"
"아니. 후배가."

"그럼 너는 뭐해?"
"나는, 책방 주인이야."

아침에 일어나면 데크에 앉아서 커피를 마셔.
손님이 오면 오순도순 그림책 얘기를 해.
저녁이 되면 하루를 뽐낸 꽃들과 얘기를 해.
"이젠 좀 쉬어."

아! 또 있다.
보리수청 담근다고 열심히 거둔 보리수.

너무 예뻐서 그냥 바라만 봐.

그 모습이 안타까워서 옆집 아주머니가 유리병 들고 나타나실 거니까.

나….

행복한 그림책방 양평책방 책방할머니야.

행복한 사람만 행복을 나누어 줄 수 있어.

그래서, 내 행복 충전 중!

양평책방 책방할머니

어린 시절이 힘든 사람도 있습니다.
그 어린 시절이 현재를 갉아먹지 않도록
현재의 행복으로
과거의 아픔을 치유할 수 있도록
현재, 행복을 제공하는 곳이
되고 싶습니다.

소설 같은
책방지기의 하루

75일~51일

자식 흉 좀 봅시다

좋은 대학 출신 청년 두 명의 대화.

A : 나 환경미화원 뽑는 거 도전해 볼까?
B : 그게 쉬워?
A : 10킬로그램 모래주머니 양쪽에 들고 뛰는 건데, 열심히 연습하면 될 거 같아.
B : 왜 환경미화원을 생각했어?
A : 머리 쓰지 않고 단순하게 살고 싶어서.
B : 환경미화원도 단순하지 않아. 분식집 주방에서 김밥 싸봐. 몸이 좀 고되지만 잡생각이 없어

지더라고.
A : 해본 사람 같아?
B : 그럼, 해봤지.

    진로 교육 시간에 단골로 등장하는 그림책은 『행복한 청소부』다.
    "청소부도 자기 일에 의미를 부여하면, 어쩌고저쩌고~."
    청소부가 주인공으로 나온 까닭은 청소부라는 직업에 대한 부정적 인식 때문이다.

    그런데 『행복한 청소부』를 먼저 꺼내지 않아도 젊은 사람들하고 얘기하다 보면 진로 교육을 잘 받은 건지, 대부분 직업에 대해서 편견을 갖고 있지 않다. 자신에게 맞는 직업이 좋은 직업이라고 생각한다. 성공보다는 행복을 우선으로 한다.

    아침에 출근하면서 매일 만나는 환경미화원 청년도 참 행복해 보인다. 행복한 환경미화원 청년을 보는 나도 행복하다. 슬픈 것은 자녀의 이런 직업관을 부모가 이해하지 못한다는 것이다.

> **좋은 대학 나오고** 꿈의 직장 다니던 아들이 퇴사하고 이태원에서 음식점 냈다고 한탄하는 K.
>
> **좋은 대학 나오고** 미국 유학 다녀온 딸이 시간제로 일하길래 애 키우느라 그런가 보다 했는데, 애가 중학교 가고도 계속 비정규직으로 일한다고 아까워하는 S.
>
> **좋은 대학 나오고** 잘나가는 S전자 다니다가 퇴사하고 집에서 빈둥거리는(사실은 미국 주식 투자 중) 아들 때문에 가출하고 싶다는 M.

이들의 공통점은 '**좋은 대학 나오고**'다.

좋은 대학만 보내면 안정적인 직장에서 천년만년 행복할 줄 알았는데…. (물론 대부분은 그렇지만)

역시 좋은 대학 나오고 언론 고시 붙어서 방송사 다니다가 퇴사, 시간제로 주 15시간 일하면서 아이 키우고 있는 H에게 물었다.

"행복해?"

"행복해요!"

"더 공부하거나 더 나은 직장 갈 생각은?"

"없어요."

딱 잘라 없단다. 그런데 그 이유가 슬프다.

"대학 들어갈 때까지, 방송사 들어갈 때까지 평생 할 공부를 다 한 거 같아요. 이제는 쉬고 싶어요."

그렇게 열심히 공부한 이유가 뭐였지?

나는 인정하기로 했다. 그녀의 현재 행복을.

'양평책방 책방할머니'는 가끔은 딸 때문에, 아들 때문에 힘든 엄마들의 쉼터이기도 해요. 어쩌겠어요? 그들의 삶인데. 내 행복의 잣대로 그들의 행복을 이래라저래라 할 수 없으니.

양평책방 책방할머니

자녀 때문에 고민하는 엄마.
같이 아이 흉볼래요?
실컷 흉본 다음에는 훌훌 털고
자녀의 삶이 아닌
나의 삶을 찾아봐요.

분노로 포장된 질투

그림책 『질투가 나는 걸 어떡해?』(코넬리아 스펠만 글. 캐시 파킨슨 그림. 마술연필 옮김. 보물창고)

책 제목이 너무 노골적이고 분명하다.

'질투'. '나는 걸'. '어떡해'.

세 단어로 질투라는, 어쩔 수 없는 복잡한 마음을 잘 표현하고 있다. '질투'는 내 의지와 상관없이 저절로 '나는 걸', 그리고 그 감정이 힘들어서 '어떡해'.

표면 감정 – [분노]

20년도 더 지난 일이지만 질투라는 감정을 처음 알아

차리고 삶의 태도가 달라진 경험이 있다(물론 그 후로도 뒤죽박죽 계속되긴 했지만).

연수원에 근무할 때 일이다. 사무실에 5분 지각했다. 지각을 해본 경험이 없는 나는 지각이라는 상황이 낯설었다. 슬쩍 자리에 앉아서 마치 잠깐 화장실에 다녀온 사람처럼 태연하게 일을 시작했다.

두근두근. 실장님이 알아차리지 못했겠지…. 하지만 희망 사항이었을 뿐, 딱 걸렸다.

"지각했으면 와서 사유를 말하고 미안하다고 말해야 하는 거 아닌가? 어째 태도가…."

한참 꾸지람을 듣고 있는데, 매일 지각을 밥 먹듯 하는 예쁜 J가 활짝 웃으면서 들어왔다.

"어머 죄송해요. 또 지각했네. 지하철이 빵꾸가 나서."

그러자 험상궂게 나를 꾸짖던 실장님이 "지하철이 빵꾸 나면 큰일이지. 살아왔으니 다행이네" 하며 어물쩡 넘기는 것이었다.

순간 분노!!! 이거 뭐야? 예쁜 J는 나보다 더 늦게 오고 지하철이 펑크났다는 엄청난 거짓말을 했는데 "허허허" 넘어가고, 못생긴 나는 지하철을 놓쳤다고 솔직히 고백했는데 태도 운운 야단을 맞고. 차별이다.

남자들은 예쁜 여자는 무조건 용서하고 못생긴 건 용서가 안 된다는 거지. 신성한 교육 공간에서 그러면 안 되지. 이걸 어떻게 공론화해야 하나…. 분노로 치장된 내 몸에서는 나쁜 기운이 뿜뿜~. 주변 분위기를 오전 내내 험악하게 만들었다.

속 감정 - [질투]

점심시간에 사무실 뒤에 있는 인왕산에 올라갔다. 숲 속에 가만히 앉아서 새소리, 물소리…. 마음이 차분히 가라앉았다. 그리고 내 안을 들여다볼 여유가 생겼다. 오늘, J와 나의 차이는 예쁘고 밉고가 아니었다. 지각 사실을 밝혔느냐 아니냐의 차이였다. 나는 몰래 들어와 시침 떼려는 태도에 대해서 실장님에게 잘못을 지적받은 것이다.

이건 분노가 아니라 질투구나. 만일 J가 나보다 못생겼어도 똑같은 크기의 분노가 느껴졌을까. 예쁜 J에 대해서 평소에 내가 가지고 있던 질투가 오늘 '분노'로 포장되어 나타났구나.

내 안에서 [해결]

분노에서 질투로 숨은 감정을 알아차리고 나니, 밖에서 찾던 해결책을 안에서 찾을 수 있게 되었다. 그 원인이 밖에 있으면 이런 상황을 가져온 실장의 행동을 어떤 방법으로 변화시킬까에 초점을 두게 되지만, 질투의 원인이 나에게 있으므로 내 안에서 해결책을 찾으면 되기 때문이다.

그래서 찾은 해결책은 이거였다.

(1) 잘못한 일이 있으면 솔직히 말하고 용서를 구한다.

(2) J보다 예뻐질 수는 없지만, 실력과 인품을 갖추도록 노력한다.

점심을 먹지 않고 인왕산에 올라갔다가, 점심시간이 끝나면서 사무실로 돌아왔다. 내 넉넉한 웃음과 함께. 사무실이 환해졌다.

질투라는 감정은 가끔 '분노'로 포장되어 밖에서 원인

을 찾으면서 나와 다른 사람을 괴롭힌다. 하지만 '질투'라는 감정은 그 정체를 정확히 알아차리고 내 안에서 원인을 찾고, 인정할 것은 인정하고, 고칠 것은 고치는 나 발전의 기회를 주는 고마운 감정이다.

질투를 느낀 순간을 찰흙 뭉치에 이쑤시개를 찔러넣는 것으로 표현해 보았다. 찰흙 밖으로 튀어나오는 이쑤시개는 가시가 되어 다른 사람을 찌르지만, 안으로 들어가면 튼튼한 뼈대가 된다.

양평책방 책방할머니

내 감정의 실체를
가만히 들여다볼 수 있는
조용한 평화를 드립니다.
건강한 질투는
나를 성장시켜요.

'양평책방 책방할머니'에는
질투의 정체를
알아차릴 수 있는
적당한 여유가 있습니다.

6월
25일

너에게 없는 오늘

1년 전 오늘, 점심을 먹다가 친구의 부고 소식을 들었다. 씩씩하게 위암을 이겨냈고 한동안 건강했던 친구는 간암이 재발하면서 서서히 삶을 놓더니 작년 오늘.

예상했던 일이라 담담하게 남은 밥을 먹고, 학교 일을 처리하고, 집에 가서 검은 옷으로 갈아입었다. 그런데 갑자기 신발을 신으면서 털썩, "꺼이꺼이" 울음이 쏟아졌다.

드라마 〈우리들의 블루스〉에서 김혜자의 부고를 들은 고두심이 양말을 신으면서 하염없이 눈물을 쏟을 때 작년 일이 생각나서 함께 울었다.

너무 사랑하는 사람은 처음 부고를 들으면 담담하다. 그런데 시간이 지나면 슬픔이 걷잡을 수가 없어진다.

나의 사랑하는 친구, 너에게는 없는 나의 오늘. 소중하게 보낼게. 당연한 것은 없으니까.

슬픔과 함께하는 방법

 함께 근무하는 선생님의 시아버님이 돌아가셨다. 평소에도 워낙 성품이 고운 분이라 시부모님을 위해서 애쓰시는 모습이 항상 감동이었던 분인데…. 코로나19가 극성인 상황이니 가족장으로 조용히 치르고 싶다고 한사코 장례식장을 알려주지 않는다. 실랑이를 벌이다가, 최종적으로 문상을 가지 않기로 했다.
 죄송하고 안타까운 마음을 담아 선생님께 글을 보냈다.

> 선생님 뜻을 연락받고 잠시 망설였어요. 남들이 얘기하는 보통의 예의가 있고, 사람마다 생각이 달라서

주관적인 예의가 있는데…. 사실 나는 선생님과 생각이 같아요. 그래서 교장 입장과 남미숙 개인 입장 사이에서 잠깐 망설였지만, 남미숙의 관계로 생각하기로 했어요. 가족만이 조용히 아버님을 보내드리고 싶은 선생님의 뜻을 존중해서 조문을 가지 않지만 멀리서 아버님 가시는 길 응원해 드릴게요.

　일본 영화 〈원더풀 라이프〉가 생각나네요. 아버님은 천국으로 가기 전에 어떤 장면을 원더풀로 뽑으셨을까…. 거기에 가족이 함께했을 거예요 삼가 조의를 표합니다.

하지만 데이비드 케슬러의 『의미 수업』을 읽고 나의 이런 결정이 잘한 일인가 싶어 흔들렸다.

　호주 어느 토착민 마을에서는 누군가 밤에 죽으면 마을 사람들 모두가 자신의 집에 있던 가구 하나를 옮기거나 마당에 둔다고 한다. 사랑하는 사람을 잃은 다음 날, 유족의 입장에서는 세상이 온통 달라 보이기 마련이다. 하지만 이 마을에서는 유족뿐 아니라 마을 주민 모두에게 세상이 달라 보인다. 가구가 옮겨져 있거나 밖으로 나와 있기 때문이다. 이것이 공동체가 슬픔을 목격하고 공감하는 방식이다. 마을 주민들은 죽음을 선명하게 드러낸다. 상실을 눈에 보이는 무언가로 만드는 것이다.

(『의미 수업』 64쪽. 데이비드 케슬러. 한국경제신문사)

나는 거실에 있는 식탁의 위치를 바꾸었다. 거실 창 쪽으로 2미터 옮겼다. 검단산이 좀 더 자세히 보인다. 하늘이 보인다. 나에게도 세상이 달라 보인다. 그런 방법으로 나의 조의를 표현했다.

양평책방 책방할머니

다른 사람의 슬픔에
조용히 함께하는 방법.

모든 소중한 날. 넘치게 중요한 날

어떤 하루

　극작가 손턴 와일더의 연극 〈우리 읍내〉에서 헬렌 헌트가 연기한 에밀리는 아기를 낳다가 죽지만, 살았던 날들 중 단 하루로 돌아갈 기회를 얻는다. 에밀리는 결혼식처럼 특별한 날로 돌아가기를 원했지만 다른 망자들이 에밀리에게 이렇게 말한다.

　"너의 삶에서 가장 덜 중요한 날로 돌아가. 그날조차도 넘치게 중요한 날일 테니."

> 살면서 가장 평범했던 날조차 얼마나 아름다운 날이었는지 깨달은 에밀리는 이렇게 말한다.
> "너무 빠르게 흘러갔구나. 다른 이들의 삶을 흘끗거릴 시간이 없었는데…. 그때는 몰랐네. 모든 일이 다 일어나고 있었는데 우린 정말 몰랐네."
> (『의미 수업』 107~108쪽)

제일 신나는 시한부

드라마 〈서른, 아홉〉에서 서른아홉 살 찬영은 췌장암 4기, 6개월 시한부를 선고받는다. 모든 항암 치료를 거부하고 자기 삶을 살기로 한다. 그때 함께 그 6개월을 살기로 한 친구는 이렇게 부탁한다.

"지구에서 역사상 제일 신나는 시한부가 되어줘."

친구 셋은 '신나는 시한부'를 실천하기 위해 20대에 해보지 못했던 일들을 해보기로 한다. 명품 옷을 걸치고 클럽으로 간다. 클럽의 하루는 신나는 시한부에 도움이 되었을까? 찬영의 '어떤 하루'는 언제일까?

나는 어떤 하루로 돌아갈까 생각해 보다가 문득, 나의

모든 '하루'는 넘치게 중요한 날임을 깨닫는다. 나의 삶에서 가장 덜 중요한 날조차 넘치게 중요한 날이다.

모든 하루는 소중한 날이고
모든 일이 다 일어나고 있어요.
양평책방 책방할머니.
이곳에서 가만히
귀 기울여 보세요.
나의 하루에….

6월 28일

원더풀 라이프

〈원더풀 라이프〉는 한동안 가슴이 먹먹했던 영화다.

이 영화는 고레에다 히로카즈 감독이 직접 각본을 쓴 첫 작품이다.

림보

죽은 뒤 천국으로 가기 전, 망자는 천국과 지상의 중간역인 '림보'에 일주일간 머물면서 삶에서 가장 소중한 기억 하나를 골라낸다. 다른 것은 모두 잊고 그 기억만을 가지고 저세상으로 옮겨가서 영원히 행복하게 산다.

"당신은 어제 돌아가셨습니다. 여러분은 7일간 이

곳에 머물게 됩니다. 이곳에 머무는 동안 당신이 해야 할 일이 한 가지가 있어요. 그동안 살아오면서 인생에서 가장 소중했던 기억을 딱 한 가지만 선택해 주세요. 다만 시간 제한이 있어요. 사흘 안에 선택해야 합니다. 당신이 선택한 추억은 저희가 최선을 다해 영상으로 재현합니다. 토요일에는 그 영상을 시사실에서 관람합니다. 그 추억이 여러분께 선명하게 되살아난 순간, 그 추억만을 가슴에 안고 저세상으로 가게 됩니다."

(《원더풀 라이프》)

일주일 안에 기억을 생각해 내지 못하면 림보에 직원으로 머물게 된다. 이우라 아라타가 연기한 모치즈키 타카시가 그런 사람이다.

50년 동안 림보에 머물면서 다른 사람의 행복한 순간을 찾아주는 일을 했다. 그리고 약혼녀였던 교코의 추억 영상이 자신과의 시간이었다는 것을 알게 된다.

"50년이 지나서 내가 누군가의 행복이었다는 사실을 알았어. 정말 멋진 일이야."

| (〈원더풀 라이프〉) |

모치즈키 타카시는 교코와 같은 순간을 선택하고, 50년 림보에서의 일을 마무리한다.

원더풀 라이프

이 영화의 제목이 원래는 〈After Life〉였다고 하는데 무미건조한 영화 제목이 될 뻔했다. 영화 제목이 〈원더풀 라이프〉라서 다행이다. 삶 이후(After Life)가 관심이 있는 것이 아니라, 삶에서의 행복한 순간(Wonderful life)이 의미 있기 때문이다. 원더풀 라이프의 그 순간만 가지고 영원의 나라로 간다니.

양평책방 책방할머니

이곳이 림보와
같은 곳이었으면 좋겠습니다.
힘든 일은 모두 잊고
소중했던 기억만 다시 찾아서
있던 자리로 돌아간다면
그곳이 천국이 아닐까?

내 인생에서,
영원히 머물고 싶은 순간은
언제일까?

상실을 치유하는 방식

재혼에 관한 짧은 소설을 썼다.

「늙은 그녀의 파릇한 사랑」

소설 제목은 「늙은 그녀의 파릇한 사랑」이다. '늙은 그녀'에서 짐작하듯이 소설 속의 그녀는 예순이 훌쩍 넘었다. 요란하게 금실이 좋은 부부였지만 갑작스럽게 사별한다. 너무 사이좋은 부부였으니, 남은 삶을 남편과의 추억을 잘근잘근 회상하면서 아들 손자 며느리 다 모여서 오손도손 살 거라고 짐작한다, 남들은. 그러나 그녀는 새로운 사랑을 찾아 재혼한다. 그래서 '파릇한 사랑'이다. 재혼한 남편과 행복하지만 이런 행복이 괜찮은 건가, 방황하는 주인공에게 이렇게 말하면서 끝냈다.

"미진아, 죄의식을 갖지 마. 그 사람과의 약속은 죽음이 갈라놓을 때까지. 그런데 죽음이 갈라놓았잖아. 그 혼인서약, 유효 기간 만료야."

『의미 수업』, 다시 살아가리라는 결정

소설을 쓰게 된 모티브는 데이비드 케슬러의 『의미 수업』 5장이다.

> 누구나 상실의 아픔을 치유하는 방식을 선택할 결정권이 있다. 상실을 경험한 사람은 다시 활기차게 살고 싶은지, 그렇지 않은지를 결정해야 한다.
>
> 신의를 지킨다는 것은 충만한 삶을 사는 것이고, 영원히 잊지 않되 그 사람에 대한 사랑을 내가 하는 모든 행동, 나를 이루는 모든 것에 녹이는 것이다.
>
> (『의미 수업』 147~167쪽)

사랑하는 사람의 상실로 자신을 망가뜨리지 않고 사랑하는 사람과의 행복을 토대로 새로운 삶의 방식을 선택한다. 그런 의미에서 예순이 넘은 나이에도 파릇한 사랑을 선택할 수 있다.

> 데이비드가 세상을 떠나고 나는 매일 나의 안팎을 살펴보았다. 머리칼도 계속 자라고 손톱과 발톱도 길어졌으며 심장도 여전히 뛰었다. 거기에는 분명히 이유가 있다고 생각한 나는 그저 목숨만 유지하며 사는 것이 아니라 정말 제대로 살아야겠다고 결심했다.
> (『의미 수업』 150쪽)

누구나 죽는다. 사랑하는 사람의 상실을 경험할 수도 있고 언젠가 내가 상실을 제공할 수도 있다. 남아 있는 사람은 씩씩한 선택을 했으면 좋겠다.

양평책방 책방할머니

상실을 극복하고
새로운 삶을 응원합니다.

의미 수업

지난주 친구의 1주기를 보내면서 한 주일 동안 죽음에 대해 차근차근 생각해 보았다. 죽음을 두려워하거나 회피하려 하지 않고 '의미'를 찾았다.

엄마를 먼저 보내고 혼자 남은 친구의 아들에게 할 수 있는 말이 너무 많은데, 할 수 있는 용기가 없어서 "잘 지내니?"라고 겉도는 대화만 했었다.

남겨진 사람끼리 친구의 죽음을 얘기할 용기는 '의미 찾기'를 통해 가능하다.

죽음에 대한 가장 명쾌한 접근을 한 이는 엘리자베스

퀴블러 로스다. 정신과 의사였던 엘리자베스 퀴블러 로스는 상실을 경험한 사람들은 비슷한 단계를 거친다고 말한다.

> 1. 부정 : 당면한 상실에 대한 충격과 불신 단계.
> 2. 분노 : 사랑하는 누군가가 더 이상 존재하지 않는다는 사실에 대한 분노 단계.
> 3. 타협 : '만약'이라는 가정과 후회가 가득한 단계.
> 4. 우울 : 상실에서 비롯된 슬픔으로 우울한 단계.
> 5. 수용 : 상실을 현실로 인지하고 순순히 받아들이는 단계.

퀴블러 로스와 『인생 수업』을 함께 쓴 제자이자 동료인 데이비드 케슬러는 『의미 수업』이라는 책에서 한 단계를 더 추가한다.

> 6. 의미 : 의미 찾기를 통해 상실에서 밖으로 나와 앞으로 나아갈 힘을 얻는 단계.

일주일 동안 죽음에 대해 생각하는 데에 데이비드 케슬

러의 『의미 수업』이 많은 도움이 되었다. 그리고 죽음은 상실이 아니라 의미 발견을 통해 성장을 돕는다는 것을 알게 되었다.

여섯 번째 단계. 의미 찾기를 통해서 죽음이라는 여행을 떠나는 그들의 밝은 웃음이 잔잔하게 받아들여졌다.

"상민아. 엄마의 여행은 행복할 거야."

◆

학교에 근무할 때는 어쩌다 맞이하는 부고에서 '죽음'을 만나고 그 의미를 '잠시' 생각하다 잊었습니다. 전원주택에 살면서 많은 어르신을 만납니다. 죽음이 문턱에 와 있다고. 담담하게 죽음을 말합니다. 그런데 그 말씀 속에 두려움은 없습니다. 잘 살았다. 남겨진 아이들에게 미안하지 않았으면 좋겠다. 그런 작은 바람들입니다.

〈할머니는 예쁜 잠옷을 입고 자야 한다는 슬픈 이야기〉 2025.8.11

이웃 할머니(80세) 집에 놀러 갔더니 빨랫줄에 예쁜 꽃무늬 잠옷이 널려 있어요.
"어머, 예쁜 잠옷이네요."
"응. 늙은이는 잘 때 예쁜 잠옷 입어야 해."
"왜요?"
"자다가 죽으면 사람들이 와서 볼 텐데 초라하면 딸들이 슬퍼하잖아."
(할머니. 그 이유가 더 슬퍼요)
골목 입구 집 아저씨는 당뇨가 심해서 외출이 어렵고, 개울 건너 할머니는 간경화가 간암으로 진행됐고, 산꼭대기 할아버지는 위암 수술 후 음식을 가려 드시고. 전원주택에는 연세 드신 분들이 많으니 죽음을 담담하게 이야기합니다.
오늘, 책방 할머니도 예쁜 샬랄라 잠옷을 마련했어요.

양평책방 책방할머니

우리에게는
슬픔 이후를 견뎌낼
용기가 필요합니다.

7월 2일

미움을 사랑으로 전환하는 방법

「28층 사는 사람」이라는 제목으로 짧은 소설을 쓴 적이 있다. 내가 사는 아파트는 28층까지 있다. 나는 9층에 산다. 그래서 엘리베이터가 20층을 넘어 올라가면 그때부터 슬슬 짜증이 난다. 오죽 미웠으면 소설로 풀었을까.

오늘 아침, 지하철을 타러 가다가 스마트폰을 가지고 오지 않았다는 것을 알아챘다. 다시 돌아와 엘리베이터 앞에 섰는데 방금 1층을 출발한 엘리베이터가 쭉쭉 올라가더니 26층에 멈추어 섰다. 얄미웠다. 아침부터. 그런데 생각해 보니 그 사람도 아침이니까 출근하겠지. 26층에서 멈추어선 엘리베이터가 내려올 생각을 안 한다. 누군가 붙잡고 있다. 짜증이, 짜증이…. 내려오는 사람을 만나면 째려봐야지.

그러다가 문득 깨닫는다. 26층 사는 게 무슨 죄인가? 높은 층에 산다는 이유로 원망을 듣는다? 늦어서 허둥지둥 분주하게 출근을 서두르는 사람이 1층에 내렸는데, 자신을 바라보는 곱지 않은 시선을 만난다면?
생각을 곱게 하기로 했다. 26층 사는 게 죄는 아니니까. 나의 아침만큼 누군가의 아침도 중요하니까.

엘리베이터 앞에서 왔다갔다 운동을 시작했다. 계단으로 가서 스트레칭도 했다. 게시판에 있는 글들도 꼼꼼하게 읽었다. 그랬더니 금방 엘리베이터가 내려왔다. 아이 셋을 안고, 걸리고, 유모차에 태우고 부부가 내렸다. 잠이 덜 깬 아이는 아빠 품 안에서 하품을 계속한다. 맞벌이 부부의 전쟁 같은 아침이 그려졌다.

환하게 웃으면서 그들을 맞았다. 유모차가 다 내릴 때까지 엘리베이터 열림 단추를 눌러주었다. 아기 엄마가 까딱 고개 숙여 미소 지었다. 다행이다. 째려보지 않아서….

미움을 사랑으로 전환하는 아주 쉬운 방법을 오늘 아침에 실천했다.

> 내가 너라면!
> 내가 서 있는 모든 장소가 명상 장소가 될 수 있다.

양평책방 책방할머니

미운 사람 있으세요?
양평책방에서
잠시 내려놓고…
그 사람 입장에서 생각해 봐요.
그래도 너무 미우면…
잘라버려요!

기억의 풍선

아들: 보온 보냉 되는 텀블러 있으면 하나만 줘.

나 : 많지. 이거 어때?

아들 : 이건 너무 커.

나 : 그럼 이건?

아들 : 이건 너무 작은 거 같은데?

나 : 이거.

아들 : 이건 엄마 거잖아.

나 : 아니야. 엄마 이거 안 써.

아들 : ….

나 : 이거 좋지?

아들 : 이거 고르느라고 온종일 고민한 건데….

아차, 싶었다. 작년 내 생일에 아들이 나에게 준 선물이었다. 등산 갈 때 가지고 다닐 수 있는 적당한 크기에 모양도 예쁘다고 하트를 뿅뿅 보내놓고는…. 깜박 잊었다.

"응. 엄마는 주말에만 쓴다고. 등산 갈 때. 주중에는 네가 써."

그래도 섭섭함이 남은 아들이 다른 텀블러를 챙겨 들고 나간다.

"이건 엄마 거야."

내 앞에 탁 놓아두고.

이런 일이 요즘 자주 있다. 얼마 전에는 누군가에게 선물 받은 베트남 커피를 지인에게 타주면서 "이거 나는 잘 안 먹는데, 가져가실래요?"했다가 "안 먹어요?" 하는 지인의 실망스런 표정 속에서 급하게 기억을 더듬는다. '혹시, 이 베트남 커피 출처가?' 그런데 기억이 없다. 누구에게 선물을 받은 베트남 커피인지.

알게 모르게 섭섭하게 한 일들이 많이 있을 거다.

그림책 『기억의 풍선』(제시 올리베로스 글. 다나 울프카테 그림. 나린글)을 읽으면서 내 풍선을 떠올린다.

> 우리는 기억의 풍선을 가지고 있어요.
> 할아버지는 더 많은 풍선을 가지고 있지요.
> 할아버지와 나는 같은 풍선도 가지고 있어요.
> 그런데 요즘 할아버지가 계속 풍선을 놓쳐요.
> 그렇지만 괜찮아요.
> 할아버지가 풍선을 놓쳐도 내가 가지고 있으면 되니까요.
> (『기억의 풍선』)

그림책 『기억의 풍선』은 치매에 관한 아름다운 접근이다. 물론 나의 기억 깜박 증상을 치매로까지 연결하는 것은 무리다. 하지만 나는 나의 깜박으로 너무 많이 미안해하지 않기로 한다.

당신에 관한 관심이 없어서가 아니라 나의 풍선이 점점 쪼그라들고 희미해지거든요. 내가 풍선을 놓치면 당신이 그 풍선을 가지고 있으면 되니까요.

〈치매일지를 쓰기 시작했다〉 2024. 9. 20

치매일지를 쓰기로 했고 오늘이 그 첫날이에요.
세면대에는 치약. 오일 클렌저. 클렌징 폼. 세 개가 나란히 있는데 오늘 아침에 칫솔에 클렌징 폼을 짰어요. 화장하다가 '내가 로션을 발랐나?' 보습크림을 두 번 바르기도 하죠.
이런 일들이 더 자주 일어나겠지? 그래서 나를 기록해 두기로 했어요. 어떻게 내 치매가 진행이 되어가는지 차근차근 살피며 받아들이기로 한 거예요. 억지로 밀어내면서 우울해지지 않기로.

치매를 알아차리면 우울해져요. 우리 엄마가 치매가 시작되었다는 걸 내가 처음 눈치를 챈 것은 TV에서 전광렬의 보험 CF를 보면서 엄마가 무심코 내뱉은 말 때문이었어요.
"저 사람이 직업을 바꿨니? 원래 한의사였잖아?"
너무 웃겨서 깔깔거리고 언니한테 전화하면서 또 한바탕 웃고.
"엄마, 그건 드라마지. 저 사람, 탤런트야."
"하하. 농담이야. 나도 알아."
그런데…. 함께 웃으며 재미있어하는 엄마의 표정에 살짝 우울함이 비쳤어요.

지금 생각해 보니 재미있는 에피소드가 아니라 엄마가 애써 감추려던 치매의 진행을 남들이 알아차리는 낌새였던 거예요. 그리고 엄마는 엄마의 치매를 알아차릴 때마다 우울해했어요.
'나는 절대 우울해지지 않을 거야. 치매와 함께 갈 거거든.'

치매는 모계 유전 요인이 많다고 해요. 엄마도 이모도 이른 나이에 치매가 시작되었어요.
암만 발버둥 쳐도 유전은 어쩔 수 없어요. 엄마는 등산, 수영, 독서, 통역봉사(일본어) 등 활발하게 몸과 마음을 움직였지만, 깜박깜박 찾아오는 필름 끊김 현상은 어떻게 해볼 도리가 없었거든요.

그 정도가 점점 심해지다가 필름이 제대로 이어지는 시간보다 끊어진 시간이 많아졌고, 나중에는 뒤죽박죽되었어요. 이 기록이 언제까지 가능할지 모르겠어요. 하지만 치매가 어떻게 진행되는지, 어떻게 나와 함께 살아가는지, 서로 보살피는 재미있는 기록이 되면, 그것도 의미 있는 일이 될 거예요.

나의 치매. 안녕?

양평책방 책방할머니

나이 듦을 자연스럽게
받아들일 수 있는
여유로운 공간이 되었으면
좋겠습니다.
나도, 당신도.

내가 만드는 기념식

좋아하는 사람들과의 즐거운 수다.

이미 정년퇴직을 했거나 정년퇴직을 할 사람들이라 정년퇴직 기념식에 관한 얘기가 주제였다.

기념식을 한다 vs 안 한다
8월 31일에 정년 퇴임을 해야 하는 나는 '기념식을 안 한다' 쪽이다.

"이유는?"

"내 기념식을 위해서 가뜩이나 바쁜 학교에 일거리를 얹고 싶지 않거든요."

"일거리를 얹다니? 플루트 하는 사람 플루트 연주하고, 시 좋아하는 사람 시 낭독하고, 그러면 되는데 왜 일거리라고 생각해요?"

"만들지 말라고 신신당부해도 분명히 영상 만들 텐데."

"영상을 직접 만들면 되죠. 우리 학교 직원은 정년퇴임식에 따님이 영상을 만들어 왔어요. 더 감동이더라고요."

"와! 그런 방법이 있군요. 좋아요. 가장 손이 많이 가는 영상은 딸한테 만들어 달라고 해야겠네요. 딸하고 사위가 '정년퇴임 기념품, 뭘 준비할까요?' 재촉하고 있었는데 영상 만들어 달라고 해야겠어요."

정년퇴임 기념식을 하기로. 재능을 발표하고 싶은 분 발표 기회로. 영상은 가족이 만드는 걸로.

나를 위한 선물

정년퇴임 얘기가 나오면서 자연스럽게 선물 얘기가 나왔다. 후배가 말한다.

> "나는 선물을 다른 사람한테 받는 데에 의미를 두지 않아요. 내 생일은 내가 꼭 챙겨요. 나를 위한 선물을 준비하죠. 달력에 동그라미 몇 개씩 광고하고 그런데도 주변에서 깜박 잊고 챙기지 않으면 두고두고 섭섭해하는 거, 그거 참 어리석다고 생각해요."

"맞아, 그러네."

그래서 나도 생각했다. 42년을 수고한 나에게 나는 어떤 선물을 준비할까.

첫째는 빨간 자동차. 뚜껑이 쏙 열리는. 물론 한 달간 렌트.

둘째는 긴 스카프가 달린 샬랄라 드레스. 이사도라 같은 비극은 걱정하지 마세요. 샬랄라 드레스를 입고 빨간 자동차를 탄다는 말은 아니니까요.

셋째는 한 달간의 격렬한 줌바 댄스. 샬랄라 드레스가 맵시 있게. 무엇보다도 요즘 뱃살 때문에 가끔 숨이 차는 슬픔을 이기기 위해서.

넷째는 인생 사진. 샬랄라 드레스를 입고 남은 생의 가장 젊은 날, 아름다운 청춘 샷, 두고두고 행복하게 바라볼 수 있는.

다섯째, 이건 비밀이다. 첫째 선물 빨간 자동차와 관계가 있다.

◆

모두 한 자리에 모이는 정년 퇴임식은 하지 못했어요. 코로나가 끝나지 않았고, 슬슬 다시 시작하는 분위기였거든요. 그래도 줌에 익숙한 우리는 온라인 퇴임식을 편안하게, 있는 자리에서 즐겼답니다.

양평책방 책방할머니

내 기념일은
내가 챙기는 거야.
내가 바라는 것으로
확실하게!

무엇보다 정년 퇴임 기념품으로
가장 성대한 것은
양평책방. 책방할머니.

나를 위한 선물.
함께해요.

〈강을 건너고 나면 배는 거기 두고 와야 한다〉 2023.3.1

퇴직 전에 근무하던 학교 동료들을 만났어요. 오랜만에 학교 얘기를 들으며 화기애애 분위기. 그러다가 자연스럽게 "교장선생님과 함께 근무할 때가 그리워요"라는 식으로 이야기가 전개되었어요.
"언제나 구관이 명관인 것처럼 보여요. 지나간 것은 좋았던 것만 보이고 현재는 불편한 것만 보이거든요."
그렇게 말하면서도 은근히 기분이 좋았어요.
동료들과 헤어져 집으로 돌아오면서 참, 유치하고 부끄럽다는 생각이 들었어요.

『라틴어 수업』(한동일 지음. 흐름출판)에 밑줄을 쳤던 말이에요.
"강을 건넜다. 배는 거기 두고 와야 한다. 더는 돌아보지 말아야 한다. 내가 배를 잘 저었는지 강물 흐름이 어땠는지 풍경이 어땠는지 훌훌 털고 미련을 갖지 말아야 한다. 그래야 새 길이 찬찬히 보인다."

'강을 건너고 나면 배는 강에 두고 가야 한다.'
정년퇴직한 나에게 그리고 정년퇴직하는 후배들에게 꼭 권할 말이에요.
42년간 긴 강을 건넜으니 배는 거기 두고, 이제 씩씩하게 걸어서 내 길을 갑니다.

7월
6일

소설 같은 책방지기의 하루

"내가 책방지기가 되었다고 생각하고 책방에서의 일과를 기록해 보세요."

책방 창업 수업 과제다.

내가 창업하는 9월 1일은 좀 특별한 하루가 될 거 같아 패스. 9월 15일 일기를 미리 써보기로 한다.

9월 15일 맑음

오전 5시. 계곡물 소리에 잠을 깼다(내 로망이다. 자연 소리에 잠 깨는 거). 20분간 요가와 명상. 5시 20분, 문을 활짝 열면서 온갖 상큼함을 받아들인다. 온종일 자연과 함께했으면. 그런데 밤이 되어 밖이 깜깜해지면 문을 꼭꼭 걸어 잠근다. 언제쯤 무심해질까? 깜깜한 자연의 어둠이.

오전 6시까지 농부. 정원과 텃밭에 물을 듬뿍 주면서 나의 또 하루 행복을 예감한다. 해 뜨기 전에 물을 주어야 한다고. 내가 아는 유일한 농사 팁이다.

7시까지 쌈밥과 요플레, 과일로 2층에 머문 손님의 아침을 준비한다. 그녀는 어젯밤 7시에 왔다. 새벽 2시까지 책방에 머물다(아마 그쯤), 2층으로 올라갔다. 출근하려면 8시 28분 기차를 타야 하니, 아쉽지만 깨워야 한다. 그래야 아침을 거르지 않고 무사히 출근시킬 수 있다.

8시 25분. 그녀를 국수역에 데려다주고 열심히 출근하는 사람들을 바라보며 내 여유를 다시 한번 느낀다.

마트에서 장을 보고 9시 24분 국수역에서 또 다른 여자를 픽업한다. 원래 예약이 없었는데 새벽에 갑자기 네이버 톡톡으로 예약이 가능한지 물었다. 문자에서 방전 냄새가

났다. 그녀는 아이를 등교시키면서 부지런히 집을 나섰다고 한다. 12시 반까지 머물다 아이 하교 시간에 맞춰 돌아가야 한다. 바쁜 틈, 그 사이에 여유조차도 바쁘게 찾아야 하는 그녀의 일상이 안타깝다. 온전히 그녀를 위해 책방을 내어준다. 그녀는 글도 없는 그림책 한 권을 옆에 두고 소파에 걸쳐 있다. ('길쳐 있나'는 표현이 딱 맞다) 데크에 안락의자를 마련해 주고 햇빛에 마음껏 노출시켰다. 그녀는 책보다 햇빛과 잠이 필요하다. 커피와 갓 구운 빵을 내었다. 나는 조용히 작가의 방(안방)에서 글을 쓴다.

12시, 그녀를 위해 멸치 국수를 만들었다. 원래 점심은 제공하지 않지만 그녀가 안쓰러워서 '너무 애 쓰지 마!' 말하는 대신 따뜻한 멸치 국수를.

12시 반. 국수역까지 데려다준다는데 그녀는 한사코 걸어가겠단다. 그래, 그것도 좋아요. 논길로 천천히 걸어가면 15분 정도. 가을이 시작되는 맑은 공기도 좋고요.

오늘 오후에는 예약이 없다. 대청소를 시작했다. 손님

이 있을 때는 눈에 보이는 곳만 대강 치우지만 책방에 손님이 없을 때는 책을 하나하나 만지면서 정성스럽게 책과 대화를 한다.

2층 머묾 공간은 그녀가 머무는 동안 가능하면 간섭하지 않으려고 한다. 그녀는 이번 일주일 동안 이곳에서 출퇴근하겠단다. 2층은 그녀의 공간으로.

오후 4시. 책방 예약을 들여다보고 문의에 답하고 새로 들여올 책을 정리한다. 추천 글도 한 글자, 한 글자 정성을 들인다. 진짜 내가 책방 주인이 되었다고 실감하는 유일한 시간이다.

오후 6시. 저녁으로 명란 비빔밥. 혼자 먹는 저녁도 일단은 예뻐야 해. 예쁘게 차려서 먹는다.

오후 7시. 2층의 그녀를 국수역에서 데리고 왔다. 그녀는 2층에서 가볍게 씻고 편한 파자마 복장으로 책방에 앉는다. 나는 그녀를 위해서 책방 공간을 내어주고 작가의 방에서 진짜 작가가 되기로 한다.

한 달에 한 권씩 그녀들의 이야기를 전자책으로 만들어서 선물해 주려고. 그녀가 그 책을 읽으면서 양평의 하루가 그녀의 마음속에 계속 머무르면 좋겠다.

이렇게 발표했더니 함께 연수를 듣는 연수 동기가 "소설 속에 나오는 책방 같아요!"라고 한다.

내 삶이 소설이죠. 내 책방이 소설이고요.

◆

소설이, 아주 비슷하게 실현이 되었어요. 하지만 전원주택(양평책방 책방할머니)이 집이고 직장이다 보니 집에 있어도 일을 하거나 직장에 있어도 놀면서 쉬면서 합니다. 그래서 딱 부러지게 9시 출근, 6시 퇴근을 실천하기로 했어요.

〈양평책방 책방할머니의 출퇴근〉 2022.9.13

[집]

먼저 집에서의 아침. 새소리와 함께 요가와 명상.

선배가 굶지 말라고 꽁꽁 얼려준 쑥떡을 들기름에 구워서 닭가슴살, 커피와 아침을 먹어요. 청소기를 들고 청소를 시작했는데, 아차, 거실(책방)은 아니지. 책방은 남겨두고 2층과 1층 안방을 청소합니다. (책방 청소는 8시 넘어서. 거기는 직장이니까)

[직장]

정확하게 8시가 되어서 거실 청소를 마무리하고(앗, 설거지가 남았네. 이건 6시 퇴근 이후에 해야지) 노트북에 앉아서 일을 시작해요.

작가 초청, 작가와의 만남 계획서를 작성합니다. 이제 작가님과 연락해서 강의 일정을 조정해야 하죠. 약간은 생소한 일이지만 책방지기의 정체성이 느껴져서 뿌듯합니다.

기념품도 주문했어요. 텀블러 200개를 주문했었는데 퇴직 기념으로 거의 다 소진되고 양·우산으로 다시 주문. 책을 넣어갈 에코백도 필요할 거 같아 에코백도 주문해요.

책을 읽고 분류하고 메모하고.

6시 땡 퇴근!

내가 좋아하는 일을 해도 분명히 일이기 때문에 정해진 시간만 하기로 했어요.

책방은 나의 일터이고 나도 퇴근이 필요합니다.

칼퇴근합니다!

양평책방 책방할머니

소설 같은 쉼이 있는
그런 책방이었으면 좋겠다.
9월 15일의 일기가
진짜 이와 같을까?

하루 이모,
양평책방 책방할머니

나는 9월 1일부터 자유다.
8월 31일까지 근무한다.
오늘은 7월 12일.
정년퇴직 준비 100일.
이제 50일 남았다.
딱 절반에 와 있다.

『어머니, 그리고 다른 사람들』(사라 블래퍼 흘디 지음. 유지현 옮김. 에이도스)는 대행 부모, 그중에서도 특히 외할머니의 힘을 이야기한다. "장수하는 할머니는 인류의 에이스

카드"라고까지 표현한다. 내가 내 아이들을 키울 수 있었던 것은 나의 어머니의 힘이었다. 그리고 지금 내 딸은 나의 적극적인 지원을 받아 손녀를 키우고 있다. 외할머니의 힘이다. '외할머니는 인류의 에이스 카드'가 맞다.

양평에 책방을 처음 생각했던 것도 딸 때문이었다. 내 기준에는 딸과 손녀가 최선이다. 내 딸이 편히 쉴 수 있는 곳이었으면, 내 손녀가 행복한 추억을 아주 많이 쌓을 수 있는 곳이었으면.

애 한 명 키우면서 뭐가 그렇게 힘들다고? 옛날 엄마들은 다섯 명도 거뜬히 키웠는데. 처음에는 손녀 하나를 건사 못해 쩔쩔매는 딸이 못마땅했다. 그러다 옆에서 육아와 가사를 함께 나누면서 대한민국 모든 엄마, 그리고 여성들의 어려움에 공감하게 되었다.

친구에게도, 친정 엄마에게도, 남편에게도 속 편하게 말할 수 없는 그 우울을, 하루 이모가 되어 들어주고 싶다.
자신 안에 스멀스멀 피어오르는 정체 모를 우울을 조용

히 만나고 달랠 수 있는 그런 곳이었으면 좋겠다. 내가 만드는 '양평책방 책방할머니'가.

양평책방 책방할머니는 혼자 조용히 쉬고 싶은 혼자만의 안식처를 찾는 여성 한 명을 위한 책방이 되고 싶다.

〈퇴직자 5인 5색? 손녀 앞에서는 5인 1색!〉

퇴직자 5명과 예정자 1명이 양평책방에 모였어요. 퇴직하면 여유가 있다고? 근무할 때는 그래도 3개월에 한 번은 만날 수 있었는데 퇴직 후 6개월 만에 날이 잡혔어요. 모두 모두 너무 바쁘다고. 퇴직자 5명이 예정자 1명을 위해 자신의 퇴직 생활을 자랑합니다.

5인 5색

퇴직자 1. "너무 바빠. 퇴직 이후 새롭게 배우기 시작한 색소폰은 이제 수준급이라네. 여기저기서 연주해 달라고 해서 불려 다니고 있지. 물론 재능기부야."

퇴직자 2. "동양화와 수채화를 배우고 있어. 나도 수준급이래. 내가 그림에 좀 소질이 있었잖아. 그림을 계속 그리고 싶은 꿈을 가지고 있었거든. 좋아하는 것을 마음껏 할 수 있는 퇴직 이후의 삶이 좋아."

퇴직자 3. "나는 농사꾼이 다 되었어. 얼치기 농부 유튜브도 운영하거든. 농사지은 작물을 나누어주는 게 기쁨이야. 물론 택배비가 너무 많이 들지만, 그동안 받은 거 베풀면서 살기로 했어."

퇴직자 4. "퇴직 후 6개월간 여행만 다니고 있어. 친구 모임 가족 모임. 모임이 워낙 많아 한 번씩만 다녀와도 6개월 내내 전국 각지를 돌고 있어."

퇴직자 5. "나. 퇴직 다음 날 '양평책방 책방할머니'를 오픈해서 이리 재밌게 보내고 있어. 보시다시피."

"누구의 퇴직 생활이 가장 도움이 될 거 같아?"

"글쎄. 좋아하는 것도 하고 싶고, 생산적인 것도 하고 싶고, 여유롭게 즐기기도 싶고…."

5인 1색

"그래. 퇴직 이후의 삶은 퇴직하고 생각해 보기로 하고, 다음 모임 날짜 정하자 모두 캘린더 켜봐."

"이날 어때?"

"월수금은 손녀 하교 도우미 해야 해."

"저 날 어때?"

"우리 딸이 대학원 가는 날이라 손자 봐야 해."

"그날 어때?"

"우리 딸 출산일이 그쯤이라…."

"요 날 어때?"

"임용고시 준비하는 딸이 식사가 예민해서…."

"그래. 6개월 만에 겨우 오늘을 정했는데…. 다음 모임 날짜가 금방 잡히겠어? 다음 모임 날짜는 일정 봐 가면서 천천히 정하자."

그녀들은 서둘러 손녀 손자 아들딸에게 돌아갔어요. 퇴직자의 삶은 5인 5색인데, 가족 앞에서는 모두 1색이 되었죠. 어쩌면 열심히 말한 그녀들의 퇴직 이후 삶은 희망이었을 수도 있다는 생각이 문득 스쳤어요. 퇴직자의 진정한 자유는 언제 가능할까?
장수하는 할머니는 인류의 에이스 카드니까요.

양평책방 책방할머니

여성 한 명을 위한 예약제 책방.
당신 한 사람만을 위한 공간입니다.
대한민국 여성을 응원합니다.
그대들의 하루 외할머니,
하루 이모가 되어드릴게요.

아이 데리고 가면 안 될까요?

여자 한 사람만을 위한 예약제 책방을 운영하고자 한다고 '양평책방, 책방할머니'의 운영 방침을 밝혔더니 "아이 데리고 가면 안 돼요?"라는 문의가 안타깝다. 많이 망설였다. 모든 엄마의 관심은 당연히 내 아이다. 그리고 내 아이와 함께하는 시간을 소중하게 생각한다. 그렇지만….

아이와 함께 있어야 행복하지만, 엄마도 때론 혼자 있는 시간이 필요할 때가 있다.

손녀가 태어나자 딸이 1년간 육아 휴직을 했다. 그전에 골프 치라고 재촉할 때는 꼼짝도 않던 딸이 손녀를 키우면서 골프 레슨을 받기 시작했다.

"내가 아기 봐줄 테니까, 2시간만 가서 레슨 받고 와."

딸은 하루도 빠짐없이 2시간을 꼬박 채워서 골프 레슨을 받았다.

"어머니, 아무래도 프로 골퍼가 되려나 봐요. 휴일에도 꼬박꼬박 2시간씩 연습해요."

내가 아기를 봐주지 않는 주말에도 사위한테 아기 보라고 하고 골프 연습을 빼놓지 않는다고 한다. 골프에 맛 들였다고 생각했다. 그런데⋯.

"혼자 있는 시간이 좋았어. 온종일 아기와 함께 있지 않고 잠깐 비켜 있는 시간."

딸은 골프에 빠진 것이 아니라 아기와 잠시 떨어지고 싶었던 거다. 내가 끊어준 레슨 기간이 끝나자 딸은 말끔하게 골프와 이별했다.

물론 딸은 손녀를 위해서 모든 순간 집중한다. 하지만, 그래서 잠시 쉼이 필요한 거다. 사랑을 온전하게 쏟아붓기 위해서 잠시 비켜서 숨 고를 수 있는 별도의 시간과 공간이 필요하다.

"집에서 놀면서 돌 갓 지나 기저귀도 떼지 않은 아기를 어린이집에 맡기고 지네들은 커피숍에서 커피 마시고, 수다 떨고, 필라테스 배우는 요즘 젊은 엄마들은 생각이 없어"라고 흉을 보는 어르신들이 있다. 나는 젊은 엄마들의 꽉 채운 생각, 현명함에 공감한다. 온종일 아기와 함께 하기보다는 자신만의 시간과 충전이 건강한 아기와의 관계에 필수적이라는 것을 알고 있다.

아이와 잠시 헤어져서 나만의 장소에서 나만의 방법으로 마음껏 쉬라. 엄마들이여.

양평책방 책방할머니

엄마, 여성들만 오세요.
여자 혼자 여행하기 힘들잖아요.
양평책방으로 가볍게
여행하러 오세요.
혼자 오세요.

리디아의 정원

양평에 먼저 자리를 잡은 후배를 만났다.

"며칠 전 아침에 거실 문을 열고 나가다가 뱀을 만났어요."
"그래서?"
"우왕좌왕했지만 일단 치우는 데 성공했어요."
"뱀을 그냥 두면 안 되나?"
"가만두면 언젠가 사라지겠지만 계속 근처에 있을 거 같은 찝찝함…."

전원생활은 벌레와 뱀, 잡초와 함께하는 것을 당연하게 받아들이라고 충고한다.

내가 좋아하는 그림책, 『리디아의 정원』(사라 스튜어트 글. 데이비드 스몰 그림. 이복희 옮김. 시공주니어).

리디아는 가정 사정 때문에 외삼촌 댁으로 간다. 무뚝뚝한 외삼촌과의 생활이 웃음과 희망으로 변한 것은 리디아가 꾸민 옥상 정원 덕분이다. 초록의 힘이다.

후배는 자신이 3년 동안 정성을 들인 정원이 아까워서 이사를 못 한다고 한다. 매서운 추위에 얼어 죽었나 싶었는데 어느 날 싹이 쏘옥 올라오더니 일주일 사이에 완전 초록이가 되는 그 경이로움을 어느 것과도 바꿀 수 없다고. 지금 자신의 정원에는 남몰래 자신의 기운을 키우는 새싹들이 꼭꼭 숨어 있다고. 비밀의 정원이라고 뿌듯해한다. 나는 후배의 초록 사랑을 아직 짐작할 수 없다. 3년이 지나면 나도 그 초록 사랑에 동참할지도 모르겠다.

〈행복은 튤립 한 송이가 아니라 수북하게 모여 있는 앵초꽃이에요〉
2025.5.2

"기억하세요. 행복은 장미 한 송이가 아니라 수북하게 모여 있는 안개꽃다발인 것을."
행복에 관한 신해철의 말이에요.

책방 정원에 앵초꽃이 요란합니다. 그 옆에는 튤립이 고고하고요. 신해철의 말을 정원으로 옮겨 보았어요.
"행복은 튤립 한 송이가 아니라 수북하게 모여 있는 앵초꽃이에요."

커다란 행복. 한 방 터지길 기다리는 게 아니라 여기저기 널려 있는 소소한 행복을 모으는 거죠.

"행복은 어디에나 있단다. 늘 무심코 지나치다 보니 알아보지 못할 뿐이야."
그림책 『행복을 나르는 버스』 (맷데라 페냐 글. 크리스티안 로빈슨 그림. 김경미 옮김. 비룡소)에서 내가 제일 좋아하는 문장이에요.

어제 비가 그칠 무렵, 책방 할머니길 산책하러 나갔어요. 구름이 서서히 걷혀가는 모습이 너무 예뻐서 자꾸 발걸음이 멈춰졌죠. 책방 문을 열면 여행이고 수채화고. 그런 곳에서 하루를 살아가는 책방 할머니는 정말 행복하겠죠?

장미꽃 한 송이가 아니라, 안개 꽃다발 행복이요.

이런 예쁜 공간을 혼자 즐기는 게 아니라, 가끔 찾아주는 책방 손님과 함께라서 그 또한 행복이 배가 되고요. 오늘은 오후 1시 예약 손님을 기다리고 있어요. 오전 10시 타임은 책방 할머니 차지입니다. 그 또한 행복이에요.

양평책방 책방할머니

양평책방 책방할머니가
리디아의 정원이었으면 좋겠습니다.
사람을 웃게 만드는.
하지만 나는 리디아가 아니기 때문에
너무 기대는 하지 마시기를….

7월
17일

나의 해방일지

나는 무엇으로부터의 해방을 꿈꾸는가?

지인들과 드라마 〈나의 해방일지〉 소감을 나누었다. 드라마 〈나의 해방일지〉 얘기가 나오면 대부분 손석구, 〈범죄도시2〉. 그런데 이번에는 '해방'을 얘기한다.

무엇으로부터의 해방?

"나는 무엇으로부터 해방을 꿈꾸지?"

평소 행복 발랄한 지인이 해방을 이야기했다. 순간 조용…. 나는 무엇으로부터의 해방을 꿈꾸면서 〈나의 해방일지〉에 빠졌던가. 손석구만이 아니었다. 마음속에 잠재되어 있던 해방 본능을 건드렸기 때문이다.

> "전 해방이 하고 싶어요. 해방되고 싶어요. 어디에 갇혔는지 모르겠는데 꼭 갇힌 거 같아요. 속 시원한 게 하나도 없어요. 갑갑하고 답답하고 뚫고 나갔으면 좋겠어요."
>
> (〈나의 해방일지〉 3회)

그래, 제목이 해방일지였지. 나는 무엇으로부터 해방을 꿈꾸는가를 비로소 잠시 생각해 보았다.
"나는 책임감으로부터의 해방이에요. 교장이라는 위치가 저를 책임감이라는 틀 안에 가두어요."
먼저 말을 꺼낸 지인이 책임감으로부터의 해방을 조용히 말한다.
"나는 그 책임감 8월 31일까지만이에요. 여러분은 앞으로 몇 년 쭉~ 해방되기 힘들겠네요"라고 내가 가볍게 말을 했다.
나는 그럼 정년퇴직하는 8월 31일, 해방되는가? 그것도 아닌 거 같다. 해방 이야기가 나오자 책임감이라고 단호하게 구속의 틀을 말할 수 있는 지인이 부럽다.

사실 나는 나를 옭아매는 무엇인가가 있는데, 그 정체를 희끄무레하게 알 것도 같은데, 그걸 입 밖에 꺼내놓기가 두려운가? 아니면, 그 정체를 확실히 알고 있기는 한가? 나는 무엇으로부터 해방을 원하는가? 그것부터 찾아보아야겠다.

해방의 방법은?

해방의 첫 번째 방법은 '추앙'이다. 응원하면 추앙받는 사람도 추앙하는 사람도 해방된다.

> "그러니까 날 추앙해요. 그래서 봄이 되면 당신도 나도 다른 사람이 돼 있을 거예요."
>
> "확실해? 봄이 오면 너도, 나도 다른 사람 돼 있는 거?"
>
> "확실해."
>
> "추앙은 어떻게 하는 건데?"
>
> "응원하는 거. 넌 뭐든지 할 수 있다, 뭐든 된다, 응원하는 거."

(〈나의 해방일지〉 4회)

해방의 두 번째, 보다 구체적인 방법은 하루 5분 설렘 만들기. 감사 일기와 연결된다.

"하루에 5분, 5분만 숨통 트여도 살만하잖아. 편의점에 갔을 때 내가 문을 열어주면 '고맙습니다' 하는 학생 때문에 7초 설레고 아침에 눈 떴을 때 '아. 오늘 토요일이지?' 10초 설레고 그렇게 하루 5분만 채워요."
(〈나의 해방일지〉 15회)

세 번째 방법은 웃음으로 환대하기.
구씨를 아침마다 찾아와서 괴롭히는, 알코올에 의존하게 만드는 망령들에서 벗어날 수 있는 방법은 웃음으로 환대하는 것이다. 그 미운 사람들을.

"아침마다 찾아오는 사람한테 그렇게 웃어. 그렇게 환대해."
(〈나의 해방일지〉 6회)

해방의 결과

> "나 미쳤나 봐, 내가 너무 사랑스러워. 마음에 사랑밖에 없어. 그래서 느낄 게 사랑밖에 없어."
> (〈나의 해방일지〉 16회)

해방의 결과다. 해방의 방법이 추앙인 게 맞다. 다른 사람을 추앙하다 보면 다른 사람이 사랑스럽게 보일 거고, 내 마음에 사랑밖에 없다 보니 내가 너무 사랑스러울 거고…. 주변 사람들을 추앙해야겠다.

◆

드라마 〈나의 해방일지〉에서 세 남매가 당미역에서 내려 집으로 가는 길이 국수역에서 내려 양평책방 가는 길과 닮았습니다.

양평책방 책방할머니

무엇으로부터의 해방인지
그리고 그 해방을 위해
무엇을 어떤 방법으로 추앙할지
나의 해방을
생각해 보는 곳이었으면 좋겠습니다.

미드나잇 라이브러리
-나를 위한 삶

'나 자신을 위한 삶을 살고 있는가'에 대해 생각하고 싶을 때 소설『미드나잇 라이브러리』(매트 헤이그 지음. 노진선 옮김. 인플루엔셜).

죽음의 문턱을 넘어서서 다음 세상으로 가는 영화〈원더풀 라이프〉와 다시 살고 있던 세상으로 돌아오는 소설『미드나잇 라이브러리』는 저쪽으로 가든 이쪽으로 돌아오든 '죽음'이라는 의식을 통해서 삶의 의미를 되짚어준다.

가장 아름다운 기억만 가지고 저세상으로 떠나는 영화〈원더풀 라이프〉와 달리 소설『미드나잇 라이브러리』는 지금, 인생을 살아갈 수 있는 지혜와 용기를 준다.

자정의 도서관

> 삶과 죽음 사이에는 도서관이 있단다. 그 도서관에는 서가가 끝없이 이어져 있어. 거기 꽂힌 책에는 네가 살 수도 있었던 삶을 살아볼 기회가 담겨 있지. 네가 다른 선택을 했다면 어떻게 달라져 있을지 볼 수 있는 기회인 거야.
>
> (『미드나잇 라이브러리』 49쪽)

죽기로 작정한 노라가 처음 도달한 곳은 미드나잇 라이브러리였다. 저세상으로 가기 전 머물 수 있는 그 도서관에서 매 순간 후회로 가득 찬 삶을 살아온 노라에게 또 다른 삶을 살아볼 수 있는 선택의 기회가 주어진다.

후회했던 선택으로 돌아가 보다

> 이 도서관에 들어온 이후로 노라가 선택했던 삶은

사실 모두 다른 사람의 꿈이었다. 결혼해서 펍을 운영하는 것은 댄의 꿈이었다. 오스트레일리아로 떠나는 것은 이지의 꿈이었고, 같이 가지 못한 후회는 자신에 대한 슬픔이라기보다 단짝에 대한 죄책감이었다. 올림픽 수영 메달리스트가 되는 것은 아빠의 꿈이었다. 그리고 리비린스는 오빠의 꿈이었다.

(『미드나잇 라이브러리』 276쪽)

그때 이렇게 했으면 아빠를 실망하게 하지 않았을 텐데, 그때 저렇게 했으면 오빠와의 사이가 나빠지지 않았을 텐데, 그때 그 사람과의 결혼을 그만두지 말았어야 했는데, 후회로 가득한 '그때 ~ 하지 말았어야 했는데'. 그러나 '그때'로 돌아가서 다시 살아본 삶도 그다지 마음에 들지는 않았다.

그대로지만 달라졌다

어제와 똑같은 디지털 피아노와 책이 있었다. 반려묘가 사라진 슬픔과 실직의 고통도 그대로였다. 불완

> 전한 뇌와 세상도 그대로였다. '앞으로 펼쳐질 미래를 알 수 없다'는 사실 또한 그대로였다. 하지만 모든 게 달라졌다.
>
> (『미드나잇 라이브러리』 400쪽)

죽기로 결심하고 자살을 시도했다. 미드나잇 라이브러리에서 새로운 삶을 경험했고, 다시 원래 자리로 돌아왔다. 모든 것은 그대로였으나 하지만 모든 게 달라졌다.

자신을 위해 살기로 했기 때문이다

> 모든 게 달라진 이유는 이젠 그녀가 단지 다른 사람의 꿈을 이뤄주기 위해 존재하지 않기 때문이었다. 상상 속 완벽한 딸이나 동생, 애인, 아내, 엄마, 직원, 혹은 무언가가 되는 데서 유일한 성취감을 찾아야 한다고 생각하지 않기 때문이었다. 이제는 그저 한 인간으로서 자신의 목표만 생각하며 자신만 책임지면 그만이었다.
>
> (『미드나잇 라이브러리』 401쪽)

몇 번의 삶을 되풀이하다가 다시 돌아와서 누군가를 위한 삶이 아니라 나 자신을 위한 삶이 나를 건강하게, 그리고 주변 사람과의 관계도 차곡차곡 순리대로 진행되게 할 수 있음을 깨닫는다. 내가 망가지고 관계가 틀어지는 이유는 내가 계속 후회에 멈추어 있기 때문. 자신을 위해 살기로 한 순간, 모든 것은 재깍재깍 순조롭게 맞물려 돌아가게 된다. 진정한 자신의 삶을 살기 위해 꼭 한번 읽어보아야 할 책. 『미드나잇 라이브러리』.

나는 나 자신의 삶을 살라고 계속 강조하고 있지만 솔직히 자신이 없다. 나 자신의 행복에서 내 아들과 딸, 손녀를 빼놓을 수 없으므로. 그게 어쩔 수 없는 '엄마'다. 하지만 그들을 위한 삶이 아니라 나 자신을 위한 삶이 건강하게 그들과 관계 맺게 되고, 나와 그들의 행복도 함께 이룰 수 있음에 차츰 익숙해질 필요가 있다.

양평책방 책방할머니

나 자신을 위한 삶,
건강한 삶의 경험을
함께 나누어요.

7월
19일

안달복달하지 않습니다

"도대체 얼마나 더 잘 살겠다고 그렇게 안달복달 살아?"

퇴직 후에 골프를 치러갈 시간을 내지 못하겠다고 하자, 내 정년 퇴직만 기다렸다는 선배가 버럭 화를 낸다. 내 사는 모습이 안달복달로 보인단다. 돌아보니 바쁜 틈에 억지로 시간을 내어, 주변 사람들의 취미 생활에 기꺼이 함께해 주었다. 그런데 요즘은 내가 억지로라도 틈을 낼 여유가 없다. 양평책방 준비로 두근두근 가슴 설레게 바쁘기 때문이다. 게다가 선배는 퇴직하면 더 여유 있을 거라고, 지금까지보다 두 배의 시간을 요구한다.

"퇴직하면 다 놓아버리고 좀 여유 있게 살아. 그동안 열심히 달렸잖아."

남들 눈에 안달복달처럼 보이지 않으려고, 그래서 나의 바쁨을, 가끔 아닌 척하기도 했다. 억지로 틈을 냈고 함께 놀아주었고, 그리고 여유로운 척했다.

그런데 이제는 내 방식대로 좀 살아야겠다. 나도 예순이 넘었잖아. 내가 좋아하는 일을 하면서 내 방식대로.

그 방식이 '양평책방 책방할머니'다.

◆

안달복달 산다고 흉보지 마세요. 지금까지 주변 눈치 보느라고 좋아하지도 않는 일을 하면서 안달복달 살았습니다. 이제는 내 행복도 챙겨야 하지 않을까요? 더 이상 안달복달하지 않으려고요.

〈왜? 뭘?〉 2025. 9. 10

내가 밤새 머묾(북스테이)을 한다고 했더니 사랑하는 후배가 걱정해요.
"애들이 엄마 걱정할 거야."
여러 가지 문제점을 늘어놓는데, 다른 것들은 다 감당할 수 있어요. 그런데 내 아들딸이 엄마 걱정을 할 거라는 말 앞에서는 멈칫. 내가 아이들에게 걱정거리가 되어서는 안 되거든요.

"내가 북스테이 한다니까 딸이 걱정할 거라는데, 걱정돼?"
딸에게 물어보았어요.
딸이 시크하게 답하네요.
"왜?"
처음에는 왜 북스테이를 하느냐고 물어보는 줄 알았어요. 이러쿵저러쿵 변명을 늘어놓았지요. 가만히 듣고 있던 딸이 덧붙이네요.
"왜 걱정돼?"

아들에게 물어보았어요.
아들은 딱 잘라 말하네요.
"뭘?"

후배 말을 듣고 은근히 조심스러웠어요. 다 늙은 엄마가 밤새 머묾 한다고 하면 아이들이 걱정할까? 그런데 그건 매사가 조심스러운 늙은

이(?)의 기우였네요. 혹시 있을 수 있는 나쁜 일은 사람 많은 도심에 더 많거든요. 외진 책방까지 찾아올 정도로 정성스러운(?) 나쁜 사람이라면 충분히 설득할 수 있어요.
"그 '정성'으로 우리 잘 살아보자, 응?"
오지도 않는 나쁜 사람 만날까 봐 좋은 사람 만나는 기회를 없애는 건 아니에요.

다른 사람의 기준이 아니라, 내가 좋아하는 일을, 내가 하고 싶은 일을 하면서 양평책방 책방할머니는 오늘도 행복합니다.

양평책방 책방할머니

내 속도로 살면서
주변 사람들
속도 맞추어 주지 않아도
미안하지 않기로.
나만의 행복.
나만의 속도를 찾을 겁니다.

자칭 할머니 vs 타칭 할머니

늙음. 하나

며칠 전 연수받으러 갔다가 10년 만인가? 오래전 보았던 지인을 만났다.

"아니 왜 이렇게 폭삭 늙었어? 너무 가슴이 아프네…."

그녀가 나를 만나자 반갑게 끌어안으며 내뱉은 첫 마디다. 순간 얼음. 왜냐하면 그때 내 복장이 모자와 마스크로 단단하게 무장하고 있었기 때문이다. 게다가 청바지에 하얀 티셔츠를 입었다. 그런데 그녀는 내가 늙어서 가슴이 아프단다.

늙음·둘

지난겨울, 학교에서 아이들을 데리고 김장 체험을 하러 갔을 때다. 긴 의자 위에 올라가서 우리 학교 아이들이 김장하는 모습을 사진 찍고 있었다. 잠깐 발을 헛디뎌서 휘청~했다. 순간 옆에 있던 다른 학교 아이가 나한테 달려와서 부축했나.

"할머니, 괜찮아요?"

그날도 역시 모자를 쓰고 있었고, 마스크를 하고 있었다. 보통 늙었다는 것을 알아차릴 수 있는 것은 주름과 흰머리. 마스크와 모자로 그게 다 가려졌다고 생각했는데 사람들은 묘하게도 나의 늙음을 알아낸다.

그래. 나, 늙었다. 하지만 늙음이 안쓰러운 대상은 아니잖아?

예전에 '할머니'라는 호칭에 대하여 글을 쓴 적이 있다. '할머니가 자랑스럽다고 했다. 그런데 남들이 나보고 늙었다고 해서 내가 왜 섭섭하지?' 생각해 보았더니 내가 나를 할머니라 불러달라는 것과 남들이 나를 할머니라 부르는 것의 차이다. 나는 옆에 있던 낯선 아이에게는 할머니가 되고 싶지 않았던 모양이다. 그리고 오랜만에 만난 지인이 늙었다는 표현과 안쓰럽다는 표현을 함께 사용해서 나를 초라한 할머니로 만들어버린 것이 섭섭한 것이다.

퇴직하고 복지관에 취미 수업을 들으러 갔다가 '어르신' 소리에 마음이 상해서 다시는 안 간다고 씩씩거리던 선배가 떠올랐다. '그게 뭐 그렇게 서운할 일이야?' 싶었는데 늙고 보니 진짜 서운하다.

양평책방 책방할머니

'책방 할머니'라고 불러주세요.
내가 불러달라고 했으니
마음껏 할머니라 불러주셔도
좋습니다.
그런데… 아직….
어르신은 되고 싶지 않네요.
늙음을 서운하지 않게
받아들일 수 있는
당당함은 언제쯤일까요?

7월 25일

긴 여행은 같이 또 따로

제주도에는 내 스승이 살고 있다. 여자 혼자 여행? 마라톤? 서핑? 여자 혼자 하는 것이 어설프고 선뜻 용기가 나지 않아 우물쭈물하고 있었는데 혼자서 이 모든 것을 씩씩하게 해내는, 그러니까 그녀는 나보다 두 살 어린, 내 스승이다.

이제는 혼자 여행이 일상이 되었다. 여기저기 혼자 여행을 다니다가 이번에는 제주도 여행을 선택했다. 혼자 여행으로 계획했지만, 제주도에 혼자 여행 스승이 살잖아? 스승에게 연락했는데 기꺼이 시간을 내어주었다. 3일간

제주도에 머물렀다.

제주도에 지인이 살면 숙소가 해결된다고들 한다.

No!

난 여행 가서 절대로 지인의 집에 머물지 않는다. 살림집과 호텔은 그 기능이 분명히 다르다. 살림집을 호텔로 내주는 주인도, 살림집을 호텔처럼 사용하는 나그네도 서로 불편하다.

숙소는 지인의 집과 가까운 S 호텔. 제주도 여행은 이 호텔을 주로 이용하는데, 1인용 싱글룸이 저렴하고 단촐하기 때문이다. 좀 지나치게 단촐하긴 하다. 흔히 서비스되는 커피도 차도 컵도 없다. 물론 차 탁자도 없다. 잠만 자고 나갈 수 있다. 그렇지만 오리털 이불이 깔끔하고 포근하다. 생수도 한 개만 제공한다. 숙소에 아무것도 없으니 밝은 대낮엔 머물러 있을 생각이 전~혀 들지 않는다. 밖으로 나가 제주를 즐기게 한다.

여러 명이 함께 여행할 때도 잠은 각각 자는 걸로 싱글룸 여러 개를 예약한다. 온종일 같이 있었는데 밤에는 각각 헤어져야 싸우지(?) 않는다는 것이 내 함께 여행 경험에서 얻은 팁이다. 두 명이 8만 원 방을 함께 사용하는 것이 아니라 4만 원 각자의 방을 사용한다. 헤어졌다 만나는 어느 정도의 간격이 필요하다. 따로 또 같이.

〈여보, 제발 혼자서 세계 일주 가줘. 『행복한 질문』〉 2023.8.18

친구들과 그림책 『행복한 질문』 (오나리 유코 지음. 김미대 옮김. 북극곰)을 함께 읽었어요.
알콩달콩 사랑하는 부부의 질문과 답이죠. 꿀이 줄줄 흘러요.

"있잖아. 만약에 내가 시커먼 곰으로 변하면 당신은 어떻게 할 거야?"
"제발 날 잡아먹지 말아 줘. 애원한 다음에 아침밥으로 꿀을 같이 먹지."

행복한 질문인 까닭은 돌아오는 대답이 행복하기 때문이에요. 곤란하고 엉뚱한 질문을 하는데 사랑으로 재치 있는 답변이 돌아와요. 친구들과도 이 책에 나오는 질문을 하면서 서로 다양한 답변을 만들어 냈어요. 질투가 날 정도로 알콩달콩 꿀이 뚝뚝 떨어지는 답변을.

그런데 딱 이 질문에서는 모두 한목소리가 되었어요.
"'혼자 세계 일주하고 올게'라고 말하면 어떻게 할 거야?"
그 질문에서 완전 목소리가 높아지며 이구동성 같은 말을 합니다.
"응, 좋아. 다녀와. 아니, 제발 혼자 세계 일주 가줘!"
그리고 우리는 다 같이 한목소리로 웃었어요. 상상만으로도 행복해서 손뼉 치면서요.

남편들이여, 세계 일주를 떠나주세요. 혼자서. 아내 함께 갈 생각 말고.

양평책방 책방할머니

양평책방 책방할머니는
혼자 여행하고 싶은 여자를 위한
공간입니다.
살림집이 아니고
고객을 위한 머묾 공간입니다.
혼자 있으면서 넓히고 싶은
마음의 공간을 존중합니다.
혼자만의 시간을 충분히 제공합니다.
편히 머물다 가시길….

양평책방 책방할머니를 방문하시는 분들도 혼자만의 공간, 다 함께 공간을 적절히 이용하면서 같이 또 따로를 즐기세요.

한라산, 정복 아니고 즐기기

목표는, 내가 정하는 거야

일곱 번째 한라산

나는 한라산이 좋다. 봄, 여름, 가을, 겨울, 한라산은 계절마다 다른 매력이 있다.

한라산 등산은 이번이 일곱 번째다. 진달래 대피소까지 가는데 기운이 철철 넘쳤다. 그전에는 한라산 등산 후 좀 지쳤었는데, 내가 체력이 좋아졌나?

살짝 우쭐해지면서.

칠순·한라산

호텔 앞에서 어르신(이라고 불러도 될까?)을 만났는데 칠순 기념 여행을 오셨단다. 내일 한라산에 오를 거라 말씀하신다. 진달래 대피소에서 만난 또 다른 어르신 5명은 소꿉친구들과 함께 칠순 기념 한라산 등반이라고 뿌듯해하신다.

"나도 칠순에 한라산 오를 거야."

왜, 백록담까지?

그런데 진달래 대피소를 지나서 백록담까지 가는 가파르고 긴 계단을 오르면서 생각이 달라졌다.

그전까지는 숲길이어서 편했는데, 진달래 대피소를 지나 조금 올라가면 그늘 없는 가파른 길이 끝도 없이 가물가물 이어진다. 에고… 역시… 한라산은… 힘들어….

욕심의 정체

내가 왜 등산하지? (행복하려고) 이 뙤약볕 아래 계단을 올라가는 게 행복해? (조금 힘들면 정상에 갈 수 있잖아) 정상에 도착하면 좋아? (정복의 쾌감) 정복하는 게 좋아? (목표에 도달했잖아) 목표를 진달래 대피소까지 잡으면? (진달래 대피소는 정상이 아니잖아) 진달래 대피소까지는 즐기면서 올랐잖아. 그런데 그다음부터는 즐기는 게 아니라 정상 정복에 대한 집착인 거 같아. 정상에 대한 기준을 바꿔봐. 남들이 얘기하는 정상이 아니라 내 기준의 정상.

문득, 백록담에 대한 더 이상의 욕심이 부질없다고 생각되었다. 일곱 번이면 되었어. 삶의 목표를 더 이상 정상에 두지 말자. 과정이, 순간순간 행복해지자.

나의 한라산
그래서 한라산은 내 마음속에 진달래 대피소를 정상으로 정했다. (혹은 사라오름까지) 정상을 정복하는 산행이 아니라 나를 행복하게 하는 산행으로. 칠순에도 진달래 대피소까지만.

그래도 백록담은 충분히 신비로웠다.

◆

Tip. 한라산 등정 인증서 : 백록담에서 한라산 국립공원 홈페이지 들어가 한라산 등정 인증서를 신청해요. 그럼 성판악으로 내려와서 출력할 수 있어요. 비용은 1,000원.

양평책방 책방할머니

내려올 산을 뭐 하러 올라가냐고요?
맞아요.
올라가는 게 행복하면
힘들어도 올라가면 되어요.
하지만 너무 힘들면
올라가지 마세요.
어차피 내려올 거니까요.

포기도 용기와 지혜가 필요합니다.
그 용기와 지혜를 챙길 수 있는 여유,
양평책방 책방할머니가
준비했어요.

제주 책방 풀무질이 아름다운 까닭

제주도 책방 여행을 꼼꼼하게 기록한 스승(?)이 강력하게 추천한 책방은 '풀무질'이다. '양평책방 책방할머니'를 위해 꼭 한번 들러서 풀무질 책방지기를 만나야 한다고.

풀무질 책방지기와 이야기를 나누면서 그 이유를 확인할 수 있었다.

제주 책방이 아름다운 이유

풀무질은 아름답다. 그런데 풀무질만 아름다운 것이 아니라 제주에 있는 대부분의 책방이 아름답다. 그 이유를 책방지기는 이렇게 말한다.

첫째, 책방이 자리한 자연이 아름답다.

그렇다, 제주도가 아름답다. 전원과 어울리는 제주 책방이 아름다울 수밖에.

둘째, 책을 전면으로 전시해서 아름답다.

책의 표지를 만드는 데 출판사는 많은 정성을 들인다. 때문에 책을 선시할 때 예쁜 표지가 나올 수 있도록 전시하는 것이 중요하다.

셋째, 책방을 찾아주는 사람이 있어 아름답다.

이건 예상치 못한 아름다운 이유이면서 가장 공감이 되는 부분이다. 책은 그 존재 자체만으로도 아름답지만 찾아 읽어주는 사람이 있어 더욱 아름다울 수 있다.

양평책방 책방할머니

제주보다야 덜하지만
양평의 초록초록과 함께.
그림책의 표지에 담긴 정성을
존중해서 전면 전시.
그리고 무엇보다도
찾아주는 사람과 함께.
그렇게 아름다운 책방을
만들어갑니다.

갱년기 여성을 추앙합니다

〈조선일보〉 칼럼 「김윤덕의 신줌마병법」은 참 매력적이다. 2022.7.26일 글에는 내가 좋아하는 구씨(손석구) 이야기가 나온다. 갱년기에 허덕이는 아내가 그래도 구씨 덕분에 살 수 있을 거 같단다.

> 그냥 지쳤대. 모든 관계가 노동이고, 눈 뜨고 있는 모든 시간이 노동이래. 아무 일도 일어나지 않고, 아무도 자길 좋아하지 않는대. 오십 평생 사는 동안 자기는 한번도 채워진 적이 없고, 누군가로부터 진심으로 추앙받은 적이 없대. 애들 다 키웠으니 이제 좀 다르게

> 살아보고 싶은데 거울을 보니 아무것도 할 수 없는 등신이 돼 있더래. 그래서 구씨가 좋대. 바람에 날아간 여자의 꽃 모자를 주우러 죽을 힘 다해 도랑을 건너뛰는 구씨 같은 사람이면 다시 살 수 있을 것 같대.
>
> (〈조선일보〉,「김윤덕의 신줌마병법」)

어쩌면 이렇게 갱년기를 잘 표현했을까? 그리고 그 갱년기를 귀엽게 극복하는 방법으로 내가 좋아하는 구씨를 등장시켰을까.

사춘기는 사회가 알아주면서 비교적 평등하게 가족과 사회의 돌봄을 받지만 갱년기는 누구랑 살고 있느냐에 따라서 관심과 돌봄이 천차만별이다. 그만큼 서러운 사람도 많이 생기기 마련. 혼자 갱년기를 꾸역꾸역 견뎌내야 하는 그런 '아줌마'들도 돌봄이 필요하다. 나도 그런 '아줌마'였다. 그래서 그 서러움, 잘 안다.

양평책방 책방할머니

방황하는 갱년기 여성들을
추앙하고 환대하는
그런 곳이 되고 싶어요.

전원주택에 산다는 것

전원주택이 무조건 아름다운 것만은 아니지만, 그래도 좋다. 8월 18일 양평으로 입주한다. 이것저것 준비할 일이 있어 현 집주인에게 양해를 구하고 방문했다.

비가 샌다

세상에…. 안방에 비가 새서 천장과 벽이 얼룩지고 바닥이 들떴다. 입주도 하기 전에 이게 웬일? 누가 수리해야 하지? 부동산에 알아보니 아직 계약이 완료되기 전이고 입주까지 내가 보았던 상태를 유지해야 하는 것이 원칙이기 때문에 현 집주인이 수리해 주어야 한단다. 그러고 보니 수리하는 사람들이 왔다 갔다 한다. 옆집도 비가 샜기 때문에 그 집부터 수리한단다. 아, 이런 게 단독 주택 살 때 어려움이라더니 진짜 시작이구나.

뱀이 나와요

집수리 얘기를 하면서 자연스럽게 옆집에 들르게 되었다. 차가운 커피를 함께 마셨다. 옆집과 우리 집은 똑같은 구조고 같은 건축업자가 지었다. 옆집 아주머니는 우리 집과 옆집 중에서 먼저 고를 수 있는 선택권이 있었다. 우리 집은 슬쩍 보고 무조건 싫다고 하셨다고 한다. 나는 너무 좋아서 보자마자 계약했는데.

"왜 싫다고 생각하셨어요?"
"옆에 개울이 있잖아요. 개울이 싫었어요."
"저는 옆에 개울이 좋아서 계약했어요."

우리 집은 옆에 개울이 있고, 옆집은 개울이 없다. 개울이 있어서 나는 이 집을 선택했고 옆집 아주머니는 선택하지 않았단다.

"개울이 있어서 좋지 않아요? 나만의 비밀 계곡인데?"

"뱀 나올 거 같아서요."

아뿔싸, 뱀이 있었구나. 옆집은 계곡을 피했는데도 잔디밭에 뱀이 나타났단다. 그래서 집을 뺑 돌아가면서 뱀이 들어올 수 없도록 담을 둘렀다고.

"이사 오시면 담장 꼭 두르세요. 뱀 들어올 수 있어요."

꼭꼭 당부한다.

쓰레기 수거

전원주택에 살면 쓰레기 처리는 어떻게 하지? 걱정한 이유는 내가 방문했던 전원주택마다 쓰레기를 태울 수 있는 비공식 화덕을 하나씩 가지고 있었기 때문이다. 그들은 말했다.

"여기서 태우면 되어요."

공기 오염이 될 텐데? 뜨거운 불 앞에 서 있으라고?

옆집 아주머니가 행복한 정보를 준다.

"수요일 저녁에 집 앞에 내놓아요. 음식물 쓰레기까지 모두. 목요일 아침에 일어나면 말끔히 치워져 있어요."

전원주택에 살면 음식물 쓰레기 처리가 곤란하다고 생

각했다. (선배 귀촌인이 땅을 파서 묻으란다. 에고…. 그러면 악취가 나지 않을까?) 홈쇼핑에서 음식물 쓰레기 처리기를 판매할 때 귀 쫑긋 마음이 흔들렸는데 수요일 저녁에 집 앞에 내놓으면 된다니 일단 안심이다. 사람 사는 곳인데 쓰레기 처리는 국가가 어떻게 해주겠지. 괜한 걱정을 했다. 하지만 가능하면 쓰레기를 많이 만들지 말아야지.

◆

결국 음식물 쓰레기 처리기를 구매했어요. 땅에 묻는 것도 한계가 있고, 더운 날에는 벌레와 악취까지. 알고 보니 음식물 쓰레기 처리기를 사용하는 집이 꽤 되더라고요.

〈이웃을 잘못 만나면 생기는 일〉 2023.4.14

이웃을 잘 만나야 합니다. 나는 이웃을 잘못 만나 여러 가지 일이 생겼습니다.

첫째, 살이 쪘다

이웃 아주머니 음식 솜씨가 너무 좋은데 손도 커서 매일 잔칫날처럼 음식을 하세요. 그러고는 담 너머로 나눠주시는데 맛있어서 먹고, 남기기 아까워서 먹고, 꾸역꾸역 다 먹지요. 살이 찔 수밖에 없어요.

둘째, 강제노역에 동원된다

오른쪽 담 밑에 잡초가 우거져서 어찌 손볼 수가 없는 상황이었어요. 정글이었죠. 그런데 어느 날 아침, 아주머니가 완전무장하고 나타나서 잡초를 뽑기 시작하셨어요. 할 수 없이 나도 끌려(?) 나가서 종일 잡초를 뽑았어요. 해 넘어갈 때까지. 어제는 아침부터 검정 비닐, 상추 모종을 가지고 오셔서 우리 집 텃밭에 상추 모종을 심었어요. 그 양이 어마어마해서 이번 여름에는 상추 장사를 해도 될 거 같아요.

오늘은 태양광 정원등을 옮겼어요. 거실에서 바라볼 때 정중앙에 있어서 보기가 싫다고 혼잣말을 했는데(분명 혼잣말했어요), 이 말 한 마디에 모든 장비를 동원하셔서 왼쪽 구석으로 옮겨주신 거예요. 그게 가능한 일일까? 옆집 아주머니가 하시면 가능하더라고요. 태양광 정원등을 옮기는 사이, 앞집 아주머니는 메밀차와 꿀떡을 가지고 오셨어요. 간식 먹으면서 열심히 일하라고.

지금은 책방의 정원 디딤석을 놓고 있어요. 집에 들어오는 사람들이 잔디를 밟아서 그 부분만 잔디가 죽었다고 혼잣말했는데(이것도 분명 혼잣말을 했어요) 디딤돌을 놓자고 하셨어요. 곧바로 실행에 옮겨서 디딤석을 깔기 시작했습니다. 하다 보니 디딤석이 한 개 모자라요. 아주머니가 한 개 더 사러 가신 틈(나는 차가 없어서 아주머니가 다녀오셔야 해요)에 나는 얼른 책방에 들어와 블로그에 주절수절 신고하고 있어요. 이웃을 잘못 만나 강제노역 당하고 있는 상황을. (언니한테 말했더니 옆집 아주머니 보약 지어드려야 한다고 아주머니 편을 드네요)

셋째, 창고에 빈자리가 없다
옆집 아주머니는 우리 집에 일하러 오실 때마다 "~가 없네" 그러면서 필요한 장비를 가지고 오세요. 일이 끝나고는 "창고에 넣어둬요. 나는 또 있어" 그러고는 빈손으로 가십니다. 우리 집 창고에 농기구가 가득 찼어요. (나는 미니멀 라이프를 추구해요)

저, 이웃을 잘못 만난 거 맞죠?
그런데 이웃을 생각하면 자꾸자꾸 웃음이 나와요. 행복해져요.

양평책방 책방할머니

아직 살아보지도 않고
이것저것 전원주택에 대한 오보에
흔들리지 말자.
내가 직접 경험해 보고 판단하기.
전원주택 사는 것
무조건 아름답지는 않지만
그래도 살만하겠지?
뱀은…. 걱정하지 마세요.
담을 꽁꽁 싸매서 못 들어오게 할게요.

육아맘을 쉬게 하자

초등학교 3학년 손녀 돌보기.

딸이 출근해야 한다고 하루, 손녀를 돌봐달라고 한다.

'그래. 초등학교 3학년인데 내 손이 얼마나 필요하겠어. 인심 썼다. 우리 집에서 하룻밤 재워 보낼게.'

손녀만 온 게 아니라, 반려견도 함께 왔다.

내 계획은, 시원한 카페에서 맛있는 브런치를 먹고 커피를 마시면서 각자 읽고 싶은 책을 읽는다. 이런 우아함을 원했지만….

첫 번째 갈등 – 카페 출입 금지

점심부터가 문제가 되었다. 반려견과 함께 들어갈 수 있는 우아한 카페가 없다. 김밥과 떡볶이를 포장해서 집으로 왔다.

두 번째 갈등 – 창의적 가구 배치

우리 집에 오자마자 손녀의 창의적 가구 배치가 시작되었다. 서재에 있던 안락 의자를 거실로 옮기고 거실 소파의 쿠션을 모두 분리해서 침대를 만들었다. 거실 한쪽에 텐트를 치고 캠핑 의자로 부엌의 경계선을 없앴다. 복도에는 쿠션을 이용한 징검다리. 그 위를 반려견과 껑충껑충 뛰어다닌다.

세 번째 갈등 – 육견 방식의 차이

혹시나 집 안에 실례할까 봐 나는 일찌감치 반려견 산책을 하자 하고, 손녀는 오후 6시 규칙적인 산책을 고집한다. 결국 5시 반에 반려견이 거실에 한 보따리 실례를 해두었다.

"그러니까 빨리 나가자고 했잖아."

"환경이 바뀌니까 스트레스받아서 그래요."

어렵게 나갔는데 자전거에 태우고 산책은 시키지 않는다. 반려견을 키우는 방식(육견의 방식)의 차이가 갈등을 고조시켰다.

네 번째 문제 - 일탈을 꿈꾸다

아무래도 엄마의 관리를 벗어나니 이것저것 일탈을 시도한다. 세 번 나누어서 먹어야 하는 초콜릿을 한 시간 만에 다 먹어버렸다. 30분 보고 10분 쉬어야 한다는 유튜브를 2시간 연속 본다. 샤워해야 하는데 물만 슬쩍 묻히고 다 했단다. 늦어도 10시에는 자야 하는데, 11시가 되도록 인형 꾸미기 한다고 잘 생각을 안 한다. 처음에는 일탈을 말리려고도 했는데 그래, 오늘 하루쯤. 외할머니 집에서의 하룻밤이 일탈의 행복일 수 있겠다 싶어서 슬쩍 눈감아주었다.

밤 9시쯤 딸과 사위에게서 안부 전화가 왔다. 나는 힘들어 완전 녹초가 되었는데 두 사람 목소리에 꿀이 줄줄 흐른다. 오랜만에 외식하고 집으로 돌아가는 중이란다. 나

하나의 희생으로 모두가 행복하다면…. 그런데 육아는 너무 힘들다. 초등 3학년의 육아도 그 나름의 이유로 힘들다.

양평책방 책방할머니

애가 어린데,
애가 다 컸는데,
애가 조용한데,
육아가 쉬울 거라고 판단하지 마세요.

다 큰 3학년이고
얌전한 여자아이고
그런데도 온종일 같이 있는 것은
다양한 이유로 힘듭니다.

하루쯤 완전히 벗어나서
회복의 기회가 필요합니다.

생일 선물로
양평책방 책방할머니의 하루, 어때요?

더 큰 원을 그려 내 안으로 초대하기

나는 9월 1일부터 자유다.
8월 31일까지 근무한다.
오늘은 8월 7일.
이제 24일 남았다.

퇴직을 앞두고 학교에 남아 있을 수도 있는 흔적을 지우고 있다. 관계도 그렇다. 꼰대 짓을 하지 않으려고 노력했는데 누군가에게는 불편한 상대였을 수 있다. 같은 공간에 근무한다는 이유로 억지로 맺어진 관계라면 퇴직하면서 내가 먼저 끊어주어야 한다. 끊어내려고만 했다. 가끔은 그 과정이 불편했다.

그런데 오늘 「원」이라는 시를 읽고 문득 깨달았다. 불편한 관계는 끊어버리는 것이 아니라 더 큰 원을 그려 품을 수 있는 사랑과 지혜를 가져야 한다는 것을. 그래야 혹시 우연히 만나도 웃으며 인사할 수 있다는 것을. 인사하면서 맘 상하지 않는다는 것을. 머물던 자리가 얼룩지지 않는다는 것을.

> 「원」
> 그가 그린 원은 나를 밀쳐냈다
> 이단자, 반역자, 경멸받을 존재라며
> 그러나 내게는 그것을 이겨낼 사랑과 지혜가 있었다
> 나는 더 큰 원을 그려 그를 받아들였다

> 「Circle」
> He drew a circle that shut me out.
> Heretic, rebel, a thing to flout
> But love and I had the wit to win
> We drew a circle and took him in.
>
> 에드윈 마크햄

양평책방 책방할머니

나를 원 밖으로 밀어내는 사람을
더 큰 원을 그려 초대하기.
말이 쉽지, 어려워요.
그래도 양평책방 책방할머니에서
숨 한번 크게 쉬고
발 크게 크게 디디면서
한번 그려보아요.

여성 한 명만, 손님이 올까요?

이제 책방 문을 열 때가 가까워져 오니 지인들이 실제적인 조언을 한다.

"여성 한 명만 올 수 있는 예약제 책방이에요."
"여성 한 명만, 가능해요?"

'여성 한 명만'이라는 점에서 지인들이 불안해하는 이유는 이렇다.

첫째, 여성은 가족과 함께 움직인다. 특히 아이를 떼놓고 혼자 갈 수 있는 여자는 극히 드물다. 그러니까 가족 단위로 바꾸어야 한다.

둘째, 가족이 아니어도 여성 한 명이 여행하는 경우는 드물다. 보통 친구들과 함께 책방 나들이를 가지, 혼자 가는 경우는 드물다. 그러니까 팀으로 바꾸어야 한다.

이때 나는 이렇게 말한다.
"그런 경우가 드무니까요. 가족이나 친구와 '함께'가 아니라 혼자 가고 싶어도 혼자만 갈 수 있는 곳이 드무니까요. 가족 단위 묶음으로 판매하다가 싱글족을 위한 소단위 포장으로 바뀐 마트처럼, 나도 '혼자만을 위한 곳'을 마련하고 싶어요. 책을 읽는 곳이 아니라 내 마음을 읽으면서 쉼과 여유를 되찾는 공간이었으면 하니까요. 여성 혼자 하는 책방 여행을 꿈꿔요."

양평책방 책방할머니

여성 한 명만. 상징이에요.
한 명도 자신 있고
당당하게 찾아올 수 있는.
설마 같이 오는 가족을
책방할머니가 거절하겠어요?

폭우, 양평 집 안녕?

　비가 정말 많이 왔다. 기록을 계속 경신하고 있다. 지하철이 정지되고, 도로가 잠기고, 집에 물이 찼다. 차가 둥둥 떠내려간다. 길을 걷다가 늘어난 빗물을 견디지 못하고 넘어져 강이 아닌 도로에서 수영하는 모습이 어색하다. 산사태로 흘러내린 흙들이 집을 덮치고 길을 막았다. 정류장에서 기다리던 사람이 급류에 휩쓸려갔다. 댐 수문을 개방하면서 거대한 물이 쏟아진다. 수문에 갇혀 잔잔하던 호수가 수문을 열자 맹렬해진다.

　두렵다.

아침에 양평 사는 후배에게서 전화가 왔다.

"도로에 흙이 쌓여 있고, 큰 나무가 넘어져 있고, 이곳 좀 험해요. 양평 집 마당이랑 계곡이랑 물길 살펴보는 게 어때요?"

비 때문에 종일 양평 집이 걱정되었나. 옆에 개천은 물이 넘치지 않았을까? 아직 공사가 완료되지 않은 안방에 비는 새지 않을까? 개울 옆 산은 튼튼한가?

자연이 그저 풍경으로 고즈넉하게 제자리에 멈추어 있는 것이 아니라는 것을 실감한다. 전원생활은 자연을 즐기기만 하는 것이 아니라 자연의 위협에 가슴 졸이기도 한다.

나에게 자연은 그저 멀리 서 있는 풍경이었다. 그런데 이제 자연이 내 곁에 성큼 와 있다. 한없이 아름답고, 한없이 평화롭고, 한없이 풍요하고, 하지만 한없이 위태로운….

자연 앞에 비로소 겸손해졌다.

양평책방 책방할머니

자연과 더불어 살아갑니다.
자연 앞에 겸손하게.
자연에 순응하면서
자연과 삶의 공간을 구분하지 말고
자연스럽게 자연과 함께.

그렇게 생각하니 걱정이 덜어지네요.
이 폭우 속에 양평 집 안녕?
개울물도 안녕?

어른이 그림책을 읽어요?
네, 읽어요!

어른도 그림책을 읽습니다.
어른이라 더 좋은 그림책도 있습니다.

대한민국을 대표하는 진로 교육 전문가들이 모인 연구진 협의회에서 있었던 일.
"정년하고 양평에 책방 낸다면서요? 어떤 책을 취급하나요? 인문학? 진로 관련 서적? 문학?"
"삶과 연결된 책이고요. 주로 그림책이에요."
"그림책? 애들이 고객인가요?"
"아뇨. 어른이 고객이에요."

"그런데 그림책?"

"네. 어른을 위한 그림책요."

나름 진로 교육 석학들인데 '어른이 그림책을?' 생소한 반응이다.

"어른을 위한 그림책이 있어요. 어떤 그림책은 아이보다는 어른에 더 적당해요."

"예를 들면요?"

"『여우지만 호랑이입니다』라는 그림책은 아이도 어른도 함께 읽기 좋아요. 물론 그림책을 읽고 느끼는 생각은 다르겠지만요. 그런데, 『L 부인과의 인터뷰』는 아이보다는 어른, 특히 육아로 경력 단절이 된 여성들이 읽으면 좋은 그림책이라고 생각해요."

'양평책방 책방할머니'에 비치할 '어른을 위한 그림책'을 고르고 있다. 어떤 그림책은 아이에게는 권하기 힘들고, 또 어떤 그림책은 어른과 아이가 함께 읽지만 받아들이는 정서가 서로 다르다. 어른을 위한 그림책의 세계가 참 많이 넓어졌다.

"아! 세상에는 참 모르는 게 많네요."

진로 교육 최고의 전문가가 어른을 위한 그림책이 생소하다고 말하니 내가 괜히 으쓱해진다. 이렇게 모르는 것을 모른다고 정확하게 말할 수 있는 그 자신감이 또한 부러워진다.

그러고 보니 내가 어른을 위한 그림책의 세계에 발을 들여놓은 게 5년 안팎. 나도 5년 전에는 그림책은 아이용이라고 생각했었으니까.

양평책방 책방할머니

어른을 위한 그림책방입니다.
물론 쉼과 여유를 위한
다양한 소설, 수필,
자기계발서도 있어요.
하지만 그림책이 주가 됩니다.
어른을 위한 그림책의 세계에
함께 들어가 봐요.

반려견과 행복하게 살고, 이별하는 법

"할머니. 로렌(반려견) 보여주세요."

눈을 제대로 뜨지도 못하면서 손녀는 일어나자마자 영상통화를 걸어온다. 인터넷 환경이 좋지 않아 영상통화가 자꾸 끊기면 "할머니, 로렌 사진 좀 보내주세요" 하며 카톡으로 사진을 보내라고 재촉한다.

로렌은 손녀가 키우는 반려견이다. 손녀가 해외여행 가면서 한 달 동안 우리 집에 와 있다. 로렌 덕분에 아침저녁 손녀와 영상 통화를 한다. 어쩌다 효도를 받고 있다.

동물(특히 개, 고양이)을 싫어하는 지인이 딸네 집 인테리어 공사로 딸과 사위와 한 달 동안 함께 살게 되었다고 한다. 딸만 오면 편하겠는데, 사위까지 온다고 투덜투덜.
"그런데 세상에. 키우던 반려견까지 데리고 온 거야!!!"

한 달 후, 인테리어 공사가 끝나서 딸과 사위, 반려견이 자기네 집으로 돌아갔는데…. 딸은 별로 보고 싶지 않은데 반려견이 자꾸 보고 싶어진다고. 딸과 사위 출근하고 나서 혼자 외롭게 지낼 반려견을 생각하면 눈물이 난다고. 반려견이 뭐라고.

나는 반려견에 폭 빠진 손녀가 언젠가 반려견과 헤어져야 한다는 사실이 안타깝다. 예전에 16년 함께 지낸 '라리'를 떠나보낸 아픔이 아직도 생생하기 때문이다. 한참 개구쟁이인 '로렌'을 보면서 이별을 예감하는 건 성급하지만, '라리' 이후, 나는 예쁜 반려견을 보면 이별을 걱정하는 이상한 버릇이 생겼다.

양평해방 책방할머니

양평책방 책방할머니의 그림책에는
죽음을 다루는 서가를
별도로 마련할 거예요.
죽음은 무조건 피하는 것이 아니라
아름답게 보내고
아름답게 준비해야 하는 것이기에….

내가 그런 거 아니에요.

완벽을 내려놓으면

예정대로라면 오늘, 양평으로 이사하는 날이다. 그런데 이번 폭우가 나의 일정을 연기시켰다. 안방에 샌 물이 잡힐만하면 비가 내리고, 거의 열흘 동안 비가 반복되면서 공사가 지연되었다. 대강 했으면 이사할 수 있었겠지만 이것저것 꼼꼼하게 챙기다 보니 공사가 더뎌졌다.

"아니, 양평에 이사한 다음에 두 손 놓고 커피만 마실 작정이세요?"

내가 너무 완벽을 원했는지 함께 챙겨주던 지인이 고개를 흔든다. 진짜 그런 마음이었던 것 같다. 완벽하게 갖추어진 집에 들어가고 싶었다.

"시골 생활은 이것저것 고쳐가는 재미도 있어요."

고쳐가는 것이 누구에게나 재미는 아니라고, 생각이 겉으로 튀어나올 뻔했다.

잠깐, 멈추니 고쳐가며 사는 게 재미가 아니라고 단정 짓기보다는 재미를 들여야 시골에 살 수 있을 거 같다. 조금씩 양보해가기로 마음먹고 나니 일 추진이 잘 되었다. 고치려고 마음먹었던 것들을 '1년 후에 싫증 나면 그때 고치지' 하는 이런 식으로 하나둘 일거리를 남겨두었다. 아직 나에게 남은 삶이 40년(백 살까지 살 거야). 하나둘 고치는 재미도 남겨두어야지. 완벽을 내려놓으니 주변이 편해진다. 내 마음에도 여유가 생긴다.

서울 생활을 정리하고 제주에 정착하기로 한 지인은 하나둘 짐을 옮기면서 완벽하게 갖추어지지 않은 살림에도 순간을 즐긴다. 그 지혜를 닮아서 나도 양평을 하나하나 천천히 채워나가야지.

◆

전원주택에 3년 살면서, 데크에 오일 스텐 직접 발랐고요. 집 옆 빈터에 새로 데크를 설치해서 산멍 장소를 만들었고요. 화단을 잔디와 구별해서 화단석을 만들었어요. 만들어가는 재미가 솔솔~.

양평책방 책방할머니

지금 모든 것을 완벽하게
최선을 다하지 마세요.
남은 날들의 몫도
남겨두세요.

그때,
다 갖춰진 곳에서,
커피 마시려 미루지 말고,
지금 마셔요.

제주로 하나하나 짐을 옮기며 과정을 즐기는 지인의 집에서 마신 맥주. 집에 컵이 한 개다.

혼자여야 한다는 똥고집?
철학입니다

 양평으로 이사를 할 날이 다가오고 있다. 이사 가기 전에 머리 손질을 하려고 집 앞 단골 미용실에 예약을 시도했다. '시도했다'고 표현한 까닭은 예약이 어렵고 이번에도 실패했기 때문이다. 일주일 예약이 다 차 있단다. 원장님도 안타까워했다. 안타까워하기만 하면 뭐해? 약간 섭섭했다. 나는 우수 고객이라고 생각했기 때문이다.

 원장님의 머리 손질이 항상 마음에 드는 것은 아니다. 하지만 어떤 머리를 해주어도 나는 웃으면서 교양 있게(?) 말한다.

"예쁘게 해주셔서 감사합니다."

4년 전에 정말 고맙다고 말할 수 없을 정도로 이상하게 머리를 커트해 준 적이 있다. 완전 상남자 머리로 만들었다. 때마침 〈스카이 캐슬〉 드라마가 인기 있었고 염정아의 머리가 쇼트커트였기 때문에 사람들이 나보고 염정아 같다고 했다. 머리만! 염정아는 삭발해도 예쁜 얼굴이지만, 나는 머리가 생명인데 머리를 그렇게 쥐 파먹은 것처럼 잘라놓았으니. 그래도 일단 "새롭게('예쁘게'라는 말은 절대 할 수 없었다) 해주셔서 감사합니다"라고 말하고 집에 와서 거울 보면서 울었다. 그리고 머리가 어느 정도 자랄 때까지 모자를 쓰고 다녔다.

그렇게 나는 우수 고객이다. 그런데 이사하기 전에 머리 손질해 달라는데, 그것도 일주일 전에 예약을 시도했는데, 빈 시간이 없다니. 오늘 예약이 펑크 난 자리가 있으면 연락해 주겠다고 해서 집에서 온종일 대기 중이다.

원장님한테 야속한 건 이런 거다. 원장님은 오전 10시 출근, 오후 8시 퇴근 시각을 정확하게 지킨다. 만일 이런 경우 나 같으면 조금 일찍 9시에 출근, 또는 하루쯤 조금 늦게 9시 퇴근. 이렇게 앞뒤로 시간을 늘려서 나에 대한 고마움을 표현할 텐데…. "어떡하죠? 예약이 다 차서…"라는 말로 자신의 출퇴근을 양보할 생각이 전혀 없어 보인다. 그 미용실은 손님이 넘쳐난다. 항상 예약이 꽉 차 있다. 그럴 때 종업원을 한 명 더 두면 손님을 더 받을 수 있는데 원장님은 1인 가게를 고집한다. 참 똥고집이다.

주변에서 나보고 그런다. 양평책방을 여성만, 그것도 한 명만, 이라고 딱 정해두지 말란다. 그러면 책방에 누가 오겠냐고. 그럴 때 그 표정에는 '참 똥고집이다'라는 안쓰러움이 담겨 있다.

미용실 원장님의 똥고집과 나의 똥고집은 어디가 비슷하고 어디가 다를까? 곰곰 생각해 보니 둘 다 삶의 철학이다. 원장님은 돈을 좀 덜 벌더라도 종업원에게 신경 쓰는 것보다 1인 가게를 운영하겠다, 자영업이지만 정확한 출퇴근으로 직장과 가정을 분리하겠다는 거고, 나는 나처럼 또는 내 딸처럼 가끔은 쉬고 싶은 여자를 위해 여자 한 사람만을 위한 책방을 운영하겠다는 거다.

그녀의 삶의 철학을, 그리고 행복 추구권을 존중하며 나는 전화를 기다린다. 미용실 예약이 펑크 난 자리가 생겼다는. 똥고집이 아니라 철학임을 이해했기에.

◆

여성 한 명이 원칙이지만 도저히 혼자 떠날 엄두를 내지 못하는 소심한 여성은 친구와 함께도 허용하고 있습니다. 대신 혼자 온 것처럼 따로따로 시간을 보내는, 혼자 여행 연습을 하고 있어요.

양평책방 책방할머니

여성 한 명만을 위한
예약제 책방은
저의 똥고집이 아니라
철학입니다.

천천히 여유 있게

"오늘 이사 청소 예약했어요. 여기저기 위탁이 아니라 직접 하는 곳, 하루에 한 집만 정성껏, 보통 청소가 아니라 전문적인 청소. 그런 업체다 보니 다른 곳보다 비용은 두 배예요. 양평에 위치해서 믿을 만하고."

후배와 점심을 먹으면서 청소업체 얘기를 했다.

"전혀 선배님답지 않네요."

"뭐가? 내가 평소 알뜰인데 비싼 곳이라서? 직접 할 줄 알았는데 전문 업체에 맡겨서?"

"아뇨. 오늘이라서요. 이사가 코앞인데, 평소 선배님 성격으로는 늦어도 한 달 전에는 예약했을 거 같아서요."

그러고 보니 내가 많이 느긋해졌다. 이사업체 선택도 그렇고, 청소업체 선택도 그렇고, 인터넷도 SK로 하려니 그곳은 SK가 아직 연결되지 않는 곳이라 한 달은 기다려야 한다는데 그러마 했고, 책장도 8월 15일에야 최종 선택과 주문. 그러다 보니 책장 도착일이 28일이란다. 그런데 그것도 OK. 책방인데 책 주문이 아직인 것도 OK. 8월 31일까지는 공무원 신분이라 사업자 등록은 9월 1일부터. 9월 1일 오픈이라 큰소리치고 8월 31일까지 책방 모양새가 갖추어질까에 대해 의문. 그래도 OK.

역시 많이 느긋해졌다. 아니 사실은…. 그렇지 않다. 느긋하자, 느긋하자, 주문을 거는 중이다. 그러면 점점 마음이 편안해진다.

〈위장된 게으름이라도 행복하면 됩니다〉 2025. 4. 30

"특히 조심할 것은 '위장된 게으름'이에요. 중요한 일은 놔두고, 중요하지 않은 일에 매달리는 것이죠."
책 『굿바이 게으름』에 나오는 글입니다.
'여유'는 능동적 선택에 의한 것이고, '게으름'은 피하기 위한 것에서 오는 것이라고요.
뜨끔하시죠? 네 뜨끔합니다. 내가 지금 누리고 있다고 생각하는 '여유'가 혹시 위장된 여유, 게으름은 아닐까, 의심해 봐요. 왜냐하면 분명 여유로운데, 왠지 찜찜하고 조바심 나고 그럴 때가 있거든요.

요즘은 날이 너무 좋아 책방 안에만 머물기에는 4월의 꽃바람이 아깝습니다. 그래서 할 일 잔뜩 놔두고 살랑살랑 나들이를 나가요. 나들이 나갔다 돌아오면 책방의 꽃들이 유혹하면서 붙들어요.
꽃을 살피다가 의자에 앉아서 음악을 들어요. 잔디에 잡초가 보이면 뽑기 시작해요. 그 시간은 KBS 클래식FM, 전기현 님이 진행하는 〈세상의 모든 음악〉 시간일 때가 많아요. 아마 책방 잡초는 전기현 님을 싫어할 거예요. 전기현 님의 말소리가 들리면 책방 할머니가 잡초를 뽑거든요.

해가 넘어가면 책방으로 들어와 간단한 저녁을 먹어요. 강의 자료도 준비해야 하고 밀어둔 소설도 써야 하고 주문받은 단체 도서도 정리해야 하고.
그런데 책방의 밤은 또 얼마나 아름답게요.

이렇게 책방 할머니의 하루가 갑니다. 여유일까요? 게으름일까요? 게으름이라고 해도 좋아요. 좀 게으르면 어때요? 죄의식 갖지 않고 마음껏 게으르기. 그럼 '여유'가 됩니다.

양평책방 책방할머니

멈추면 비로소
보이는 것들이 있어요.
느긋하게 마음먹으면
안달복달 세상이 멈추고
초록 세상이 열려요.
그곳에서 잠시 멈춤.
행복 주문을 겁니다.

청소하러 왔다가
물장구만 치고 갔어요

이제 퇴직까지. 아니, 책방 개업까지 열 손가락으로 셀 수 있다. 그런데 자꾸 문제가 생긴다. 전문업체에 청소를 의뢰하고 마음이 여유로웠는데, 걱정했던 일이 벌어졌다.

이사 전에 공사가 끝나니까 여유 있게 이사 전날 청소해 달라고 청소업체에 의뢰했었다. 공사 중이라는 말을 듣더니 청소업체에서 이렇게 말한다.

"공사가 제날짜에 끝날 수 있을까요? 요즘 공사장 사람 구하기 힘들어서…."

그리고 진짜 전날까지 공사가 끝나지 않았다. 공사업체

쪽에서는 이렇게 말한다.

"안방에서 마루 깔고 도배하고 있을 테니, 먼저 밖에 청소하고 안방 공사 끝나면 오후에 안방 청소하세요."

그렇게 청소업체에 전달했더니 이렇게 말한다.

"우리는 공사가 진행 중인 곳에서는 청소하지 못합니다."

내가 믿었던 청소업체는 나의 의뢰를 단호히 거절했다.

23일 이사다. 그런데 21일 오전까지 청소업체를 구하지 못하고 있다. '어쩌지?' 고민했더니 후배들이 21일 오후 양평집에 모인다고 한다. 각자 청소기, 걸레, 수세미 등등을 들고. 그래, '꿩대신 닭'이지. 일단 모여서 우리가 청소를 해보자. 그런데… 청소에 서툰 닭(?)들은 '꿩 대신 달걀'이 되어버렸다.

입주 청소는 아무나 하는 것이 아니다. 교육의 전문가가 있듯이 청소에도 전문가가 있다. 우왕좌왕 난리를 치고 있는데 어렵게 청소업체를 섭외했다고 양평에 오지 못한 후배에게서 연락이 왔다. 공사 중인 안방을 제외하고 청소를 해주겠단다.

우리는 청소에서 해방되었다. 폭우 때문에 이사 날짜에 차질이 생겼지만, 폭우에 풍요로워진 시크릿 계곡. 그곳에서 청소 도구를 들고 물놀이를 한다. 집 옆 개울에 흐르는 물소리와 물장구, 웃음소리가 경쾌하다. 내 주변에는 참 고마운 사람들이 많다. 어려움을 겪으면서 내 행복을 확인한다.

양평책방 책방할머니

여러 사람의 기대와
걱정과 봉사가
'양평책방 책방할머니'에
담겼습니다.
사랑으로 만들어진
양평책방
보러 오세요.

분노가 아닌,
다른 감정을 느낄 수 있는 여유

나이 들면서 분노 대신에 느낄 수 있는 다양한 감정들이 늘어나고 있다. 내가 처음 '감정'에 관심을 가지고 내 마음을 들여다보기 시작할 때, 그 젊은 날에는, 분노가 많았다. 마음대로 잘 풀리지 않으면 그 원인이라고 생각하는 사람 또는 환경에 분노했다.

서투른 사람을 보면 답답하다고 분노했다. 너무 똑똑한 사람을 보면 저만 잘났나, 재수 없다, 분노했다. 시험을 잘 못 보면 출제자의 자질이 의심된다고 분노했다. 나 말고 모든 것들이 분노의 대상이었다. 물론 분노를 노골적으로 표현은 하지 않았다. 분노를 잘 다독이고 있는 나 자신의 넓은 아량(?)에 으쓱하면서.

어렵게 찾은 이사 청소하시는 분이 국수역에서 양평책방을 찾아가신다.

> "국수역에서 내려서 왼쪽으로 잠깐 가시면 토끼굴이 나와요. 토끼굴을 지나면 작은 다리가 있어요. 작은 다리를 지나서 왼쪽으로 가세요. 왼쪽에 개울을 두고 길을 따라 8분쯤 가세요. 오른쪽으로 길이 나오는데, 배드민턴 동호회 모집한다는 현수막이 붙어 있어요. 현수막 따라 잠깐 올라가시면 갈림길이 나와요. 거기서 오른쪽으로 내려가세요. 오른쪽에 방주교회가 보일 거예요. 왼쪽에는 소 키우던 집이 보일 거고요. 좀 더 내려가다가 왼쪽으로 꺾으세요. 막다른 하얀 집이에요."

이쯤이면 그림 그리듯 설명하지 않았는가? 그런데 계속 30분째 같은 곳을 맴돌면서 집을 찾지 못하고 있다. 예전 같으면 아마 분노가 올라왔을 것이다.

'아니, 이 편한 네이버 지도 앱으로 찾아갈 수 없는 곳이 어디 있다고!' 길을 못 찾아서 전화로 위치 물어보는 사람을 보면, 특히 젊은 사람이 '앞에 GS가 보이는데 여기서 오른쪽? 왼쪽?' 길을 못찾고 전화로 물어보면, 분노가 일어났었다.

오늘 아침엔 아니다.

첫 번째 감정 – 미안

무거운 청소 도구 들고 계속 헤매시네! 미안해서 어쩌지?

두 번째 감정 – 안타까움

지도 앱 보면서 가면 금방 찾을 수 있는데. 오후에 만나면 지도 앱 보는 방법 알려드려야겠다.

세 번째 감정 – 후회

내가 아침에 갔어야 해. 연세 드신 분(인지는 확인 못함)이 아파트 아닌 곳을 찾아가기 쉽겠어? 아침에 국수역까지 마중 나갔어야 하는데….

네 번째 감정 – 안심

드디어 찾았다고 연락이 왔다. 아, 다행이다….

어디에도 분노가 없다. 그러고 보니 분노는 당연한 감정이 아니라 어리석은 나의 방어적인 감정이었던 적이 많다. 나이가 들수록 분노는 확연히 줄어든다. 어쩌면 분노를 원만하게 다스리는 방법을 터득한 게 아니라, 분노로 포장된 나의 빈 구석의 정체를 파악하게 된 건 아닌가 싶다. 분노를 다스리는 방법 모색보다는 내 분노의 정체를 파악하는 연습을 먼저 해야겠다.

양평책방 책방할머니

우리는 하루에도 몇 번씩
분노 감정이 올라옵니다.
당연해요.
분노에 가려진 다양한 감정들을
찾아낼 수 있도록 돕는 건 세월입니다.
나이 들어야 알 수 있어요.
나도 젊은 날에는 분노했어요.

양평책방에서 물소리 새소리 바람 소리….
자연 치유의 힘을 빌려보세요.

양평 군민이 되었습니다

어제 양평 군민이 되었다. 양평에서 첫 번째 맞이하는 아침이다. 아침에 일어나서 먼저 창문을 열고 계곡에서 올라오는 상큼한 물소리, 새소리, 바람 소리.

새벽에 일어나서 정원을 바라보며 명상하고, 요가하고, 커피 마시고(전원주택에서 꼭 해보고 싶었던 욕구 목록), 어제 못다 한 정리를 하다가 점심 먹을 때 되어서야 카톡을 보았다. 가족 단톡방이 내 양평 생활이 궁금해서 새벽부터 부산했다.

"이사하고 첫날밤에 굉장히 편하게 잠을 자는 집이 있고, 자꾸 깨고 꿈꾸고 일어나도 피곤한 집이 있어. 수맥 때문이라고도 하고 머리 방향 때문이라고도 하는데, 어쨌든 잠을 잘 자는 집이 좋은 집이라고 생각해. 신월리 첫 집이 참 편했고, 쉐르빌이 편했어. 연곡리 마지막 주택은 자도 잔 거 같지 않게 불편했고. 근데 11시가 되도록, 아직도 자는 거 같은데 이건 또 무슨 경우인지 모르겠다(오빠)."

오빠의 걱정 반, 호기심 반 카톡이 너무 재밌다. 다른 때는 즉시즉시 답을 했는데 11시가 넘도록 카톡도 읽지 않는 내가 너무 궁금했나 보다.
"새벽에 일어났답니다."

오빠는 연곡리에서 안 좋은 일이 생겨서 전원주택 생활을 접고 아파트로 이사했다. 예전에는 내가 전원주택으로 이사 가는 걸 참 많이 말렸는데, 이번엔 적극적으로 지원한다. 아무래도 꿍꿍이는 바비큐 파티, 잔디, 야영. 매일 사주겠다고 찍어 보내는 사진들이 바비큐 용품들이다.

양평책방 책방할머니

하루하루 천천히
채워갑니다.
채워가는 과정도
힐링 되거든요.

푸른 잔디를 보면서 아침을 먹고,

2층 발코니에서 개울 물소리에 책을 읽다가

밤이 되면 이런 곳에서 잠을 잔다.

시골의 시간은 다르게 흐릅니다

시골의 시간, 해가 지면 밤입니다.

아파트에 살 때는 퇴근 후 세탁기와 건조기 돌리는 게 망설여졌다. 이웃에 소음일까 봐.

"전원주택 사니까 오밤중에 세탁기 돌려도 눈치 보지 않아서 좋다."

아들이 이상한 시선으로 나를 보면서 이렇게 말한다.

"엄마, 지금 8시야."

시골은 해가 지고 나면 사방이 깜깜하다.

밤늦게까지 사방이 환해서 낮인지 밤인지 하루는 24시

간! 바쁘게 재촉하는 도시의 시간.

전원 마을의 시간은 다르게 흘러간다. 여긴 분명히 낮과 밤이 있다. 확실하게 구분된다. 낮이 되면 분주히 움직이고 밤이 되면 쉰다.

'양평책방 책방할머니'의
시계는
자연의 시간을 따라
천천히 흘러갑니다.

8월
27일

애기 개구리가 놀러왔어요

전원생활은 벌레와 같이 생활한다더니 밤이면 각종 날아다니는 벌레들이 방충문을 요령껏 비집고 들어온다.

여기서 쑥! 저기서 쓩~.

'그래, 기어다니는 것만 아니면 다 감당할 수 있어.'

그런데…. 방충문을 잠깐 열어둔 사이, 애기 개구리가 유리문에 놀러 왔다. 방충문을 닫을 수가 없다.

'저러다 달아나겠지!' 싶어서 쿵쿵 주변을 두드려도 보고 유리창을 "탁탁" 쳐보기도 했는데 꼼짝도 안 한다.

덕분에 애기 개구리를 자세히 들여다볼 수 있었다. 개

구리가 폴짝 나타나면 "엄마!" 하고 놀라곤 했는데 이제는 "안녕?" 할 수 있겠다.

전원생활에 하루하루 적응 중입니다.

〈살생하는 여자〉 2025. 7. 6

"전원주택에 살면서 새롭게 알게 된 사실은 내가 참 살생을 잘하는 사람인 거예요."
작년 말에 이사를 온 이웃집 아주머니가 반년 살아본 소감을 말합니다.
그러고 보니 나도 그런 사람이 되었네요.

전원주택 3년 차. 벌레를 보면 "으악!" 하던 여리여리한 여자는 어디 가고, 휴지를 가져와 벌레를 싸서 변기에 넣은 다음 물을 쏴 내리는 씩씩한 여자가 살고 있습니다.
내가 살생만 하는 것은 아니에요. 나도 벌레에게 보시하고 있습니다. 하루에 한 번씩 벌레에게 물립니다. 집 안에서는 내가 선제공격하므로 물리지 않습니다. 정원에서 잡초 관리를 할 때, 자기 집인 잡초가 사라지는 게 억울해서인지 나를 공격합니다. 속절없이 당합니다. 긴팔, 긴 바지를 입어도 소용없어요. 그들은 뚫고 들어오는 막강한 무기를 갖고 있거든요.

근처에서 대규모 정원, 블루밍스토리를 관리하는 후배는 두꺼운 청바지와 겹겹이 긴 소매 옷을 입고 일합니다. '덥지 않나?' 생각했는데, 내 몸은 소중하니까요. 벌레로부터 자신을 보호하기 위해서 그렇게 할 수밖에 없는 기막힌 사정을 이해하게 되었습니다.
오늘도 곤충기피제를 몸에 뿌리고 정원으로 나갑니다. 들어와서는 '아물디'를 바르겠죠?

전원주택살이. 그래도 행복합니다. 전원주택에는 벌레만 있는 게 아니라 산새소리, 상큼 바람, 순서 지켜 알아서 피어주는 꽃…. 벌레 수보다 더 많은 행복이 널려 있으니까요.

책방에 와서 혹시 벌레가 나오면 책방지기를 불러주세요. 씩씩한 책방지기가 신속하게 처리해 드릴게요.

양평책방 책방할머니

강아지도 예쁘고
송아지도 예쁘고
애기 개구리도
참 예쁜 곳입니다.
가만히 보면
다~ 예뻐요.

책방 큐레이션

"사진 찍지 마세요.
책방지기의 큐레이션도 저작권이 있습니다."

어느 동네 책방을 방문했을 때 경고 문구였다. 왠지 살벌~.

그런데 책이 어떻게 전시되어 있는지 차근차근 살펴보면서 그 문구가 이해되었다. 한 권 한 권 책방지기의 세밀한 분석과 느낌과 선정 이유까지. 이건 분명히 저작권이다. 그리고 보호받아야 한다.

어제 책이 들어왔다. 일단 앞 테라스에 다 내렸다. '내일 정리해야지' 하고 미뤘는데 밤새 비가 쏟아졌다. 책들이 젖을까 봐 김장용 비닐로 상자를 덮었다. 그러고도 잠이 오지 않아 새벽 4시부터 책들을 '치우기' 시작했다. 치워버린 게 맞다. 앞 테라스에 있던 책들을 상자를 열어서 거실 소파 뒤 테이블로 옮겨두기만 했으니까. 테라스에 쌓인 상자들이 내 앞에서 풍경을 방해하니 뒤쪽으로 '치운' 것이다.

책 정리를 시작하기 전에는 '이까짓 거' 그랬다. 그런데, 책의 무게가 대단했고 (그래서 벌써 손목이 시큰거린다) '내가 이 책을 왜 선정했지?' 하는 낯선 책들도 있고 '여기에 꽂았으면 좋겠는데 책장의 높이가 맞지 않아 들어갈 수 없고…' 등등.

어려움이 한둘이 아니지만 가장 큰 고민은 작업을 할수록 주제어가 늘어난다는 것이다. 이런 걸 큐레이션 했다고 할 수 있는가? 점점 자신이 없어졌다. 그리고 저작권으로 보호되어야 할 그 동네 책방 책방지기의 전문성에 감동할 뿐이다.

어설프지만 현재 내가 분류하는 주제다.

나눔

다른 사람들이 기부한 책 또는 나에게 필요했던 책들은 나눔 서고로 분류했다.

나

경력 단절에서 오는 불안, 경쟁에서 뒤처지는 듯한 소외감, 나는 지금 어디를 향해 가고 있지? 그림책을 통해서 소중한 나를 확인할 수 있다.

죽음

주변 사람들의 죽음 또는 나의 죽음에 대한 성찰, 죽음의 의미를 통해 성장하는 시간을 갖는다.

위로

책방 할머니의 존재 이유이기도 한 위로가 필요한 사람들을 위해 쓰담쓰담 책들을 선정했다.

자연

마음을 다스리기 위해 잠시 멈춤의 시간으로 많은 사람이 자연을 선택한다. 자연 앞에서 겸허한 마음을 갖는다.

관계

부모와 자녀, 부부, 친구 등 관계를 차근차근 짚으면서 '적당한 거리'를 생각해 본다.

현재는 여기까지. 이 분류에 딱 들어맞지 않지만 포기할 수 없는 그림책 때문에 행복한 고민 중이다.

양평책방 책방할머니

전문적인 북 큐레이션은
아니지만
책방에서 채우고자 하는
고객의 빈구석을 헤아리는
책방지기의 마음입니다.

양평책방 책방할머니의
1호 고객, 나

나는 9월 1일부터 자유다. 8월 31일까지 근무한다. 오늘은 8월 30일 이제 정·년·퇴·직·이다.

오늘 내 마음이 어떠냐고요? 빨간 머리 앤이 내 마음을 이렇게 훌륭하게 대신 표현해 주었네요.

> 퀸스를 졸업할 때에 저의 미래는 제 앞에 곧게 뻗어 있었어요.
> 그 길을 따라가면 많은 이정표를 볼 수 있으리라고 생각했죠.
> 이제는 그 길에 모퉁이가 생겼어요.

그 모퉁이 길에 무엇이 있는지는 저도 몰라요.

하지만 가장 좋은 일이 기다리고 있을 거라고 믿을 거예요.

모퉁이 길은 그 나름대로 매력이 있어요.

마릴라 아주머니. 그 모퉁이를 돌아서면 어떨지 궁금해요.

어떤 초록빛 영예와 각양각색의 빛과 그늘이 있을지.

어떤 새로운 풍경이 있을지.

어떤 새로운 아름다움이 있을지.

어떤 모퉁이와 언덕과 계곡이 펼쳐져 있을지 말이에요.

(『빨간 머리 앤』 루시 모드 몽고메리 지음. 김경미 옮김. 시공주니어)

그래요, 지금, 모퉁이에 와 있어요. 정년퇴임은 끝이 아니거든요. 모퉁이를 돌아 새로운 세상을 만나죠.

이제 오늘 밤 자정이 지나면 나는 모퉁이를 돌아 또 다른 길로 두근두근. '양평책방 책방할머니'가 기다리고 있어요.

〈기발한 인생 2막〉 2023.1.13

퇴직하기 오래전, 10년 전부터 퇴직 이후 삶을 준비했어요. 양평책방이 어느 날 뚝딱 만들어진 것이 아니란 뜻이에요. 물론 10년 전부터 책방을 한다고 생각하지는 않았어요. 내 인생 2막 준비는 이런 순서로 진행되었습니다.

1. 한옥 펜션

10년 전, 강진 한옥마을에서 1박을 하면서 한옥 펜션 사업에 홀렸어요. 군청에서 공사비를 지원한 한옥에서, 군청에서 보내주는 손님을, 1박2일 정성껏 음식을 대접하고, 삶의 경험을 나누는 시스템이죠. 마침 한옥마을에 매매를 원하는 집이 있다고 해서 진지하게 생각해 보았어요. 오빠에게 이 얘기를 했더니 오빠도 진지하게 답해주었어요.
"먼저 파출부(가사도우미)를 6개월 해봐. 그리고 이게 내 천직이라는 생각이 들면 그때 펜션을 해."
펜션, 포기했어요.
'한옥에 산다는 것 자체가 행복이지 않을까…'
구시렁거리면서.

2. 택시 기사

제주도 여행을 갔다가 정년퇴직 이후 택시 운전을 하시는 노신사를 만났어요. 라디오에서 흘러나오는 KBS 클래식 방송이 좋았고, 흰머리에 넉넉한 웃음이 보태져서 저렇게 살아도 좋겠다 싶었죠. 이런저런 얘기를 나누며 〈알쓸신잡〉, 〈유퀴즈〉 기분도 내보고, 다양한 사람들을 만나면서 삶이 풍요롭겠다. 부러웠어요. 한림항에서 제주공항까지 가는 길이었는데 노형동에 이르러서 차가 밀리기 시작했어요. 비행기 탑승 시간이 임박했어요. 함께 탄 지인이 좀 빨리 가달라고 재촉했죠. 그러자 노형동 로터리에 택시를 세우더니 소리를 질렀어요.
"내려! 재수 없게. 내가 교통 법규 위반 딱지 떼면 물어줄 거야?"
KBS 클래식에서 놀람 교향곡이 흘러나왔어요.
노형동 길가에 내팽개쳐진 다음에 깨달았어요. 택시 운전은 다시 생각해 보기로.
'제주도의 행복이 놀람 교향곡으로~.'

3. 섬마을 선생님

신안 섬티아고 길을 걸으면서 작은 분교를 보았어요. 저런 곳에서 선생님 하면 참 좋겠다 싶은데 나는 그럴 수가 없어요. 가끔 시도 교류가 있지만 교장은 그런 게 없거든요.
그런데 코로나19 이후 외진 마을에는 초등교사 자격증을 가진 기간제 교사 구하기가 힘들어졌어요. 62세 정년퇴직하면 끝인 줄 알았는데, 65세까지 가능하대요. 세상에! 섬마을 선생님이라는 꿈을 이룰 수 있게 되었어요. 관사까지 제공되는 곳이 있어요.
"야호! 퇴직 후 섬마을 선생님 되는 거야. 1년씩 3개의 섬을 돌아본 다음, 마음에 드는 곳에 정착하는 거지."
그게 양평책방 책방할머니가 되기 전 마지막으로 꾸었던 꿈이에요. 그런데 양평책방 책방할머니라는 더 멋진 선택이 있어서 잠시 보류한 꿈이기도 하고요.

'이런 곳에서 섬마을 선생님이 된다면.'

4. 보조출연자

그런데 어제 만난 후배가 기막힌 퇴직 후 삶을 얘기하네요. 배우가 되고 싶대요. 그래서 먼저 보조출연(엑스트라)을 해본대요. 그러면서 연기학원을 다닌다네요. 보조출연 수당이 주 80만 원이래요. 하루 9시간 근무 중 한두 시간 활동하고 나머지는 대기랍니다. 그런데 그 대기 중에 다양한 사람을 만날 수 있어요. 가끔 운이 좋으면 현빈 옆자리에서 커피를 마실 수도 있다니. '와! 이거 대단한데?' 알바몬에서 보조출연자 구인 광고를 검색하기 시작했어요.

'뒷모습을 보여주는 연기는 자신 있어.'

그래서 나는 또 다른 꿈을 꾸기 시작했어요.
내 인생의 2막, 3막은 어떻게 전개될까요? 당신은?

양평책방 책방할머니

그 책방의 1호 고객은
남미숙,
당신입니다.

0-잠시 멈춤

나는 9월 1일부터 자유다.
8월 31일까지 근무한다.
오늘은 8월 31일.

2022.8.30 교육청에서 교감 선생님께 메일이 왔다. 교감 선생님이 조심스럽게 나에게 전달해 주셨다.

"2022.8.31자로 정년퇴직하는 선생님 신분은 퇴직 전날까지 유지되고, 8월 31일 오전 중에 나이스에서 퇴직 처리되시기 때문에 2022.8.31에는 결재가 어

> 렵습니다. 퇴직자의 경우 8.31(수)은 근무일이 아니
> 므로 복무 상신이 불필요합니다."

 8월 31일. 하루. 나는 어디에도 소속되지 않는 진정한 의미의 자유인이 되었다. 내일부터는 새로운 책방의 주인이 될 테니까.
 "나이스에서 삭제되더라고!"
 먼저 퇴직한 친구가 '아, 나는 더 이상 공무원이 아니구나' 실감한 것이 나이스에서 삭제되었을 때라고 말한다. 어쩜 이렇게 매몰차게 나를 밀어낼까 싶더란다.

 어제까지는 초등학교 교장이었다. 내일부터 양평책방 책방할머니의 주인이 될 것이다. 오늘 하루는 어디에도 소속되지 않은 '0-잠시 멈춤'의 시간이다. 오늘 하루는 아무것도 하지 않고 가만히 앉아서 어제와 내일이 어떻게 연결되는지 시간을 가만히 느껴볼 것!
 잠시 멈추었다가 다시 시작하는 정년퇴직 이후의 새로운 삶, 인생 2막은 무지갯빛으로 여전히 꿈을 꾸고 있습니다.

양평책방 책방할머니

삶입니다.
어제와 내일이
자연스럽게 이어지는.
내일 또 다른 해가 뜰 거예요.

• 에 필 로 그 •

양평책방 책방할머니 탄생 이야기

　　코로나 상황으로 대면 수업이 대부분 멈추었을 때, 외국에 있는 한국 학교에서 저한테 의뢰가 들어왔어요. 줌으로 그 학교 학생과 학부모를 대상으로 진로 특강을 해달라는 거예요.

　　의뢰를 받아놓고 한참 고민했어요. '내가 할 수 있을까?' 외국, 줌, 학생, 학부모, 진로 특강. 이 중에서 내가 고민한 이유는 '학생'입니다. 요즘 초등학생들에게 진로 교육하는 거 정말 어렵거든요.

　　"여러분, 우리 이거 해볼까요?"

　　그러면 아이들에게서 3종 세트 반응이 나와요.

　　"안 해요. 싫어요. 몰라요."

　　그래서 작전을 바꾸었어요.

　　"여러분, ~ 해볼까요?"가 아니라 "나는 ~할 거예요. 여러분은 어때요?"

내가 먼저 해보고 내 사례를 얘기해주기로 했어요.

나를 따라서 하고 싶은 아이들 몇몇이 따라 해요. 처음에 나를 따라 하지 않던 아이들도 친구들이 하는 거를 보고 따라 했어요. 그렇게 내가 먼저 내 진로를 궁리하고, 내 사례를 들려준 다음에 아이들도 함께 자신의 진로를 상상해 보았어요.

행복 찾기(과거)

먼저 나만의 행복을 생각했어요. 행복해야 하잖아요? '언제 행복했지?' 과거를 쭉 돌아보았어요. '무엇을 할 때 행복했지? 누구와 있을 때 행복했지? 어디에서 행복했지?' 구체적으로 내 행복을 돌아보았어요.

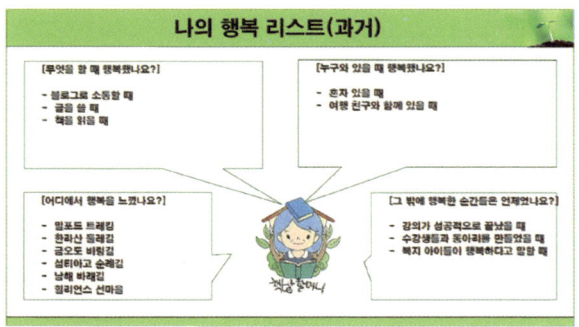

욕구 찾기(미래)

다음에는 내 욕구를 들여다봤어요. '나는 어떤 삶을 살고 싶지? 내가 좋아하는 건 뭐지? 가지고 싶은 건? 경험하고 싶은 건?'

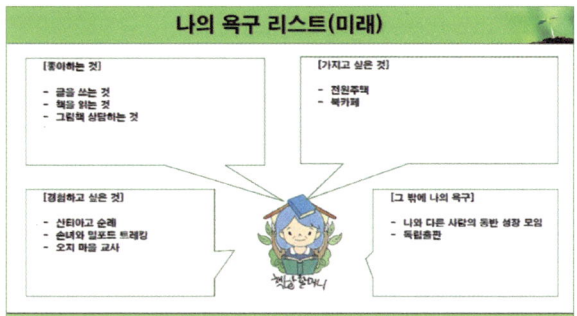

종합하기(행복, 욕구, 강점)

과거의 행복, 미래의 욕구, 그리고 현재의 강점(이건 다중지능의 관점으로 약간의 검사를 해요) 세 가지 중에서 특별히 마음이 가는 것을 뽑아서 한 장으로 정리해 보았어요.

다 합쳐놓고 자세히 살펴보았어요.

[나의 행복 리스트]	[나의 강점 리스트]	[나의 욕구 리스트]
1. 블로그로 소통하기	1. 언어(스토리, 표현)	1. 산티아고
2. 밀포드 트레킹	2. 자기성찰(자기조절)	2. 그림책 상담
3. 글을 쓸 때	3. 자연친화	3. 동반 성장
4. 책을 읽을 때	4. 대인관계(공감하기)	4. 전원주택
5. 자연 속에서(한라산)	5. 공간	5. 북카페

양평책방 책방할머니
- 전원주택에 그림책방을 열어 그림책 상담을 하면서 동반 성장을 실현

그랬더니 답이 나왔어요. '오! 이거야. 양평에 전원주택 짓고 거기서 그림책방 하는 거.'

"나는 이렇게 '책방 할머니'가 될 거예요. 너는 어때?"

이렇게 내 얘기를 들려주었어요.

할머니도 꿈을 꾸는데 우리는 어떤 꿈을 꿀까? 아이들하고 작업하면서 많은 직업, 행복한 직업을 만들어냈어요. 그 중에는 물론 실현이 가능한 직업도 있지만, 불가능해 보이는 직업이 더 많았어요. 하지만 어때요? 일단, 미래를 기대하는 힘을 갖게 되었거든요. 우리들의 진로는 계속 써가는 진로 에세이니까요.

이렇게 '양평책방 책방할머니'가 탄생했습니다.

그런데, 욕구 중에 산티아고 가고, 밀포트 트레킹 가고, 오지 마을 선생님도 되고 싶다고 했는데 양평에 책방 차리면 이런 꿈을 포기해야 한다고 생각할 수 있어요. 포기했을까요? 양평책방은 '어른 여자', '한 사람'을 위한 '예약제' '그림책방'입니다. '예약제'입니다. 호주 여행 일주일 다녀왔어요. 그 기간, 책방은 나에게 예약 완료.

그런데 산티아고는 46일을 가야 해요. 46일이 전부 예약 완료되어 있으면 좀 수상하죠? 그 기간에는 함께 공부하는 동아리 회원들이 돌아가면서 책방을 지키는 거예요. 예약이 있는 날엔 그분들이 와서 책방을 봐줘요.

그리고 저는, 내 꿈을 꾸러 갑니다.

저와 함께 모퉁이 돌아, 여러분도 새로운 꿈을 꾸지 않으시겠어요?

읽어주셔서 감사합니다.

책방 할머니

● 인 용 도 서 | 인 용 자 료 ●

- 『라틴어 수업』 한동일 지음. 흐름출판
- 『행복을 나르는 버스』 맷데라 페냐 글. 크리스티안 로빈슨 그림. 김경미 옮김. 비룡소
- 『행복한 질문』 오나리 유코 지음. 김미대 옮김. 북극곰
- 『굿바이 게으름』 문요한 지음. 더난출판사
- 『리디아의 정원』 사라 스튜어트 글. 데이비드 스몰 그림. 이복희 옮김. 시공주니어
- 『L 부인과의 인터뷰』 홍지혜 글그림. 엣눈북스
- 『책들의 부엌』 김지혜 지음. 팩토리안
- 『게으를 때 보이는 세상』 우르슐라 팔루신스카 글그림. 비룡소
- 『질투가 나는 걸 어떡해?』 코넬리아 스펠만 글. 캐시 파킨슨 그림. 마술연필 옮김. 보물창고
- 『어머니, 그리고 다른 사람들』 사라 블래퍼 흘디 지음. 유지현 옮김. 에이도스
- 『할머니의 저녁 식사』 M. B. 고프스타인 글그림. 이수지 옮김. 창비
- 『행복한 청소부』 모니카 페트 글. 안토니 보라틴스키 그림. 김경연 옮김. 풀빛
- 『의미 수업』 데이비드 케슬러. 한국경제신문사
- 『기억의 풍선』 제시 올리베로스 글. 다나 울프카테 그림. 나린글 옮김. 나린글
- 『미드나잇 라이브러리』 매트 헤이그. 노진선 옮김. 인플루엔셜
- 『빨간 머리 앤』 루시 모드 몽고메리 지음. 김경미 옮김. 시공주니어
- 영화 〈원더풀 라이프〉
- 드라마 〈나의 해방일지〉
- 에드윈 마크햄 「원」
- 〈1년간 옆을 볼 '자유'가 앞으로 나아갈 '용기' 준다〉. 〈한겨레〉. 2022.05.30
- 「김윤덕의 신줌마병법」. 〈조선일보〉. 2022.07.26

양평책방 책방할머니는 오늘도 행복합니다

초판 1쇄 발행 | 2025년 10월 20일

| **지은이** | 남미숙
| **펴낸이** | 김현숙·김현정
| **편집** | 김현정·김도경
| **디자인** | 디자인 봄바람
| **펴낸곳** | 공명
| **출판등록** | 2011년 10월 4일 제25100-2012-000039호
| **주소** | 02057 서울시 중랑구 용마산로 636. 베네스트로프트 102동 601호
| **전화** | 02-432-5333
| **팩스** | 02-3153-1377
| **이메일** | gongmyoung@hanmail.net
| **블로그** | http://blog.naver.com/gongmyoung1
| **ISBN** | 978-89-97870-91-2 (03810)

- 책값은 뒤표지에 있습니다.
- 이 책의 내용을 재사용하려면 반드시 저작권자와 공명 양측의 서면에 의한 동의를 받아야 합니다.
- 잘못 만들어진 책은 바꾸어 드립니다.